Für die Deutsche Gesellschaft für Meeresforschung e.V.
herausgegeben von
Walter Lenz und Burkard Watermann

unter Mitwirkung von:

K. Barthelmeß, Köln
Chr. Groeben, Neapel
R. Hoheisel-Huxmann, Bremerhaven
Chr. Hünemörder, Hamburg
R. Kölmel, Balje
G. Kortum, Kiel
B. Lohff, Kiel
D. Machoczek, Hamburg
W. Matthäus, Warnemünde
G.H. Müller, Saarbrücken
S. Streicher, Stralsund
G. Wegner, Hamburg
P. Werner, Berlin

HISTORISCH-
MEERESKUNDLICHES
JAHRBUCH

Band 1

Dietrich Reimer Verlag
Berlin • Hamburg
1992

Die Deutsche Bibliothek - CIP- Einheitsaufnahme

Historisch-meereskundliches Jahrbuch / hrsg. für die Deutsche Gesellschaft für Meeresforschung. - Berlin: Reimer.
Erscheint jährlich. - Aufnahme nach Bd. 1 (1992)

Bd. 1 (1992) -

Dr. Friedrich Kaufmann
Unter den Eichen 57
1000 Berlin 45

Umschlaggestaltung: Bayerl & Ost, Frankfurt/M.

Printed in Germany

ISBN 3-496-00599-8

Inhalt

Vorwort
zur Eröffnung der Reihe "Historisch-Meereskundliches Jahrbuch"

Die Geschichte der Meeresforschung war 1960 zum ersten Mal Thema eines internationaler Kongresses, den das Musée Océanographique in Monaco ausgerichtet hatte. Seitdem sind drei weitere Kongresse zu diesem Thema durchgeführt worden (1967 in Edinburgh, 1980 in Woods Hole, USA und 1987 in Hamburg). Das Engagement an letzterem war so groß, daß das Alfred-Wegener-Institut für Polar- und Meeresforschung in Bremerhaven und das Institut für Meereskunde in Kiel jeweils einen eigenen Kongreßtag mit Beiträgen zur eigenen Geschichte ausrichteten.

Ausgehend von dem damit gezeigten zunehmenden Interesse an der historischen Entwicklung der Meeresforschung in Deutschland hat sich 1990 auf Anregung der Deutschen Gesellschaft für Meeresforschung (DGM), die bereits den Kongreß von 1987 ausgerichtet hatte, ein Arbeitskreis gebildet, der sich der intensiveren Behandlung dieses Themas widmet. Die diesbezüglichen Aktivitäten insbesondere der meereskundlichen Institutionen in Kiel, Bremerhaven, Warnemünde und Hamburg sollen unterstützt und neue gefördert werden.

Um diesen Ansatz in die Praxis umzusetzen, hat der Arbeitskreis u.a. die Herausgabe eines Historisch-Meereskundlichen Jahrbuches initiiert. Es werden darin Beiträge aufgenommen, die sich mit der Entwicklung des Wissens vom Meer befassen - vorzugsweise in Deutschland, aber nicht ausschließlich. Beiträge aus dem Ausland, wie in diesem ersten Jahrbuch bereits aufgenommen, weisen bewußt auf den übergreifenden Ansatz dieser Reihe.

Beim Inhalt der Artikel mag es sich um das Wirken einzelner Personen wie von Personengruppen oder Institutionen handeln und um deren gegenseitige Beeinflussung. Insbesondere sind solche Arbeiten erwünscht, die die Verflechtung der Meereskunde mit anderen Disziplinen und die gesellschaftlichen Gründe und Hintergründe ihrer Förderung und Entwicklung beleuchten.

Der modernen Meeresforschung, die sich vornehmlich den Problemen der Gegenwart und Zukunft zu widmen hat, wird das Historisch-Meereskundliche Jahrbuch zur Rückbesinnung Blicke in die eigene Vergangenheit bieten.

Walter Lenz — Burkard Watermann

Zwei Hamburger, ein Barbier (1675) und ein Bürgermeister (1746), erkunden und beschreiben die Wale des Nördlichen Eismeers

Gabriele Peters

Hamburg war mehr als zwei Jahrhunderte lang am arktischen Walfang beteiligt. Zeitweilig trug dieser Erwerbszweig wesentlich zum wirtschaftlichen Wohlstand der Hansestadt bei. Zu Beginn dieser Epoche, gegen Mitte des 17. Jh., war das Bild, das man sich von den bejagten Tieren machte, geprägt von mittelalterlichen Vorstellungen. »Wallfische« galten als furchterregende, meist aggressive Ungeheuer von fantastischer Gestalt und unvorstellbarer Größe.

In den Jahren 1675 und 1746 wurden in Hamburg zwei Werke veröffentlicht, in denen ausführlich über das Nördliche Eismeer, seine Inselwelt und den Walfang berichtet wird. Erstmalig werden in diesen Werken auch die arktischen Walarten präzise und naturgetreu beschrieben. Der Schiffsbarbier Friderich Martens schildert anhand seiner eigenen monatelangen Beobachtungen an Bord eines Walfängers Gestalt, Färbung und Größe der erlegten Wale, wobei er den Grönlandwal besonders berücksichtigt. Er fügt Informationen über Wanderungen, Ernährung, Feinde und Verhalten dieses Wales dem Menschen gegenüber hinzu, die zumeist bis heute Gültigkeit haben.

Der Bürgermeister und Gelehrte Johann Anderson vertieft Mitte des 18. Jh. das cetologische Wissen seiner Zeit, indem er eine Reihe von Körperstrukturen und ihre Funktion biologisch deutet. Er ent-wickelt u.a. Hypothesen über Sinn und Aufgabe des Walohres, der Darmgase, der Speckdicke und der Windungen des Narwalzahnes. Es gelingt ihm bereits, die damals bekannten arktischen Walarten in eine systematische Ordnung zu stellen, die noch heute anerkannt ist.

Die Beobachtungen und Erkenntnisse der beiden Hamburger Friderich Martens und Johann Anderson sind zu einem wesentlichen Bestandteil unseres heutigen Wissens über die Lebensweise der inzwischen z.T. extrem seltenen Wale des Nördlichen Eismeeres geworden.

A barber (1675) and a mayor (1746) in Hamburg explore and describe the whales of the Arctic. Hamburg was involved in Arctic whaling for more than two centuries. In some periods, this branch of industry contributed considerably to the economic health of the Hanseatic Town. At the beginning of this era, in the middle of the 17th century, people's visualisation of the animals which were hunted was determined by medieval minds. »Wallfische« stood for fearful and mostly aggressive monsters of fantastic shape and unthinkable size.

In the years 1675 and 1746 two books of natural history were published in Hamburg which reported in detail about the Arctic, its world of islands and whaling. In these books, for the first time, Arctic whale species were precisely and realistically described. The ship-barber Friderich Martens portrayed shape, colour and size of killed whales according to his own observations during many months on board a whaler, where he particularly considered the Greenland whale. He added information on its migration, feeding and enemies as well as on its behaviour toward humans, which has mostly held true up to the present. In the middle of the 18th century the mayor and scholar Johann Anderson deepened the cetological knowledge of his time by biological interpretation of some structures of the body and their functions. He developed hypotheses regarding sense and function of the whale ear, intestinal gas, thickness of blubber and coils of nar-whale tooth. He even succeeded in putting the known species of Arctic whales into a systematical order which is still accepted today.

The observations and findings of Friderich Martens and Johann Anderson from Hamburg have become important parts of our present knowledge of the way of life of the whales, which have meanwhile become extremely rare in the Arctic.

1. Einführung

Mehr als 200 Jahre lang befuhren Hamburger Schiffe das Nördliche Eismeer, um in diesem Meeresgebiet Walfang zu betreiben. Jahr für Jahr stürzten sich Hamburger Walfänger in ein Unterfangen voller Risiken und Chancen, voller Unwägbarkeiten und Herausforderungen. Das Ziel, das die Nordmeerfahrer ansteuerten, war fern, unerforscht und beherrscht von unberechenbaren Naturgewalten. Die Wege zu den Jagdgründen und zurück in den Heimathafen waren gespickt mit Gefahren: Überfälle durch Piraten und Kaperer häuften sich; Eismassen und Stürme brachten nicht selten das vorzeitige Ende der Reise. Die Jagdbeute waren unvorstellbar große Tiere, über deren Aussehen, deren Lebensweise und Wesen nur wenige authentische Berichte, aber viele beunruhigende Gerüchte im Umlauf waren.

Die alles dominierende Motivation der Walfänger, sich wieder und wieder in dieses Abenteuer zu stürzen und der Reeder, ihre Schiffe den Gefahren von Verlust und Harvarie auszusetzen, war der wirtschaftliche Profit. Er war zweifellos erheblich. Das bestätigen Schiffsjournale und Hamburger Senatsakten, in denen es z.B. heißt, der Walfang sei der »unstreitig bedeutendste Zweig der hamburgischen Schiffahrt« und man »sey von der Wichtigkeit und dem allgemeinen Nutzen dieses Handlungszweiges so sehr überzeugt«, daß »die Erhaltung desselben im bisherigen Flor für das hiesige Commercium von der äußersten Wichtigkeit wäre« (Staatsarchiv Hamburg 1781/82). Es gab Zeiten, in denen es ausreichte, auf einer Fangreise einen einzigen Wal zu erlegen. Mit dem Erlös aus Barten und Tran ließen sich die Reisekosten finanzieren und für alle Beteiligten ein befriedigender Verdienst erwirtschaften.

Daneben hatte eine weitere Triebfeder, sich auf »Walfischjagd« zu begeben, wohl eine bescheidenere Bedeutung: die Wißbegierde oder der Drang, das eigene Wissen und das anderer zu vermehren, neue Erfahrungen und Entdeckungen zu machen, diese anderen mitzuteilen und zu erklären. Einige wenige Seefahrer hat diese Triebfeder aber offenbar heftig bewegt. Sie haben voller Enthusiasmus niedergeschrieben, was sie gesehen und erlebt haben.

Ein Zeugnis der arktischen Walfangreisen - und es ist sicher eines der faszinierendsten überhaupt - stammt von einem Schiffsbarbier, auch Chirurgus oder Doktor genannt: dem Hamburger Friderich Martens. Sein Werk »Spitzbergische oder Groenlandische Reise Beschreibung« erschien 1675 zur Zeit der Blüte des Hamburger Nordmeerengagements (Abb.1). Martens selbst beschrieb sein Anliegen so:

> »...habe ich bey dieser Gelegenheit GOTTES sonderbare Vorsehung an diesen kalten Orten betrachtet und was ich im Eise, im Wasser, in der Lufft, und auf dem Lande denkwürdiges gefunden, nach dem Leben alsobald auff der Reise frisch abgerissen, und so viel ich gekont, nicht aus anderen Büchern, sondern aus eigener Erfahrung, beschrieben.«

Martens' Reisebeschreibung erregt in ganz Deutschland und sogar im Ausland großes Aufsehen. Kurz nach ihrem Erscheinen übersetzt man sie ins Italienische, Französische, Holländische und Englische. In Venedig, Bologna, Amsterdam und London werden jeweils mehrere Ausgaben gedruckt. (s. dazu Oesau, 1955). Das Werk erlangt seine große Publizität gerade zu einer Zeit, als man in ganz Europa beginnt, sich öffentlich für Naturwissenschaften insbesondere für die Mannigfaltigkeit der Naturerscheinungen zu interessieren, als man wissenschaftliche Akademien und Gesellschaften gründet und Kuriositätenkabinette für naturkundliche Objekte aus aller Welt einrichtet und bestaunt - und als Beschreibungen von Meerestieren, ihrem Vorkommen und Verhalten breites Interesse und Aufsehen wecken.

Neben Friderich Martens war es der Hamburger Bürgermeister Johann Anderson der entscheidend zur Verbreitung des zeitgenössischen Wissens über die Wale beitrug. Darüberhinaus ordnete er die Wale nach wissenschaftlichen Gesichtspunkten und entwickelte viele eigenständige Ideen und Hypothesen über ihre Lebensweise. 1746, also rund 70 Jahre nach Martens, erschien sein ebenfalls weit über die deutschen Grenzen hinaus bekanntes Werk »Nachrichten von Island, Grönland und der Straße Davis« (Abb.2).

2. Kenntnis über Wale zur damaligen Zeit

Was wußte man über die Wale um die Wende zum 17.Jh., bevor die ersten europäischen Walfänger und bald darauf auch die Hamburger nach Norden aufbrachen? Wie stand es um die Cetologie, die Wissenschaft von den Walen oder »Walfischen«? Auch wenn man die Entscheidung: Fisch oder Nicht-Fisch lange Zeit nicht so recht treffen mochte, so kannte man diese Tiere doch bereits aus einigen großen, populären Tierbüchern. Das waren in erster Linie die Werke des italienischen Gelehrten Ulysse Aldrovandi *Monstrorum historia* (Aldrovandi,

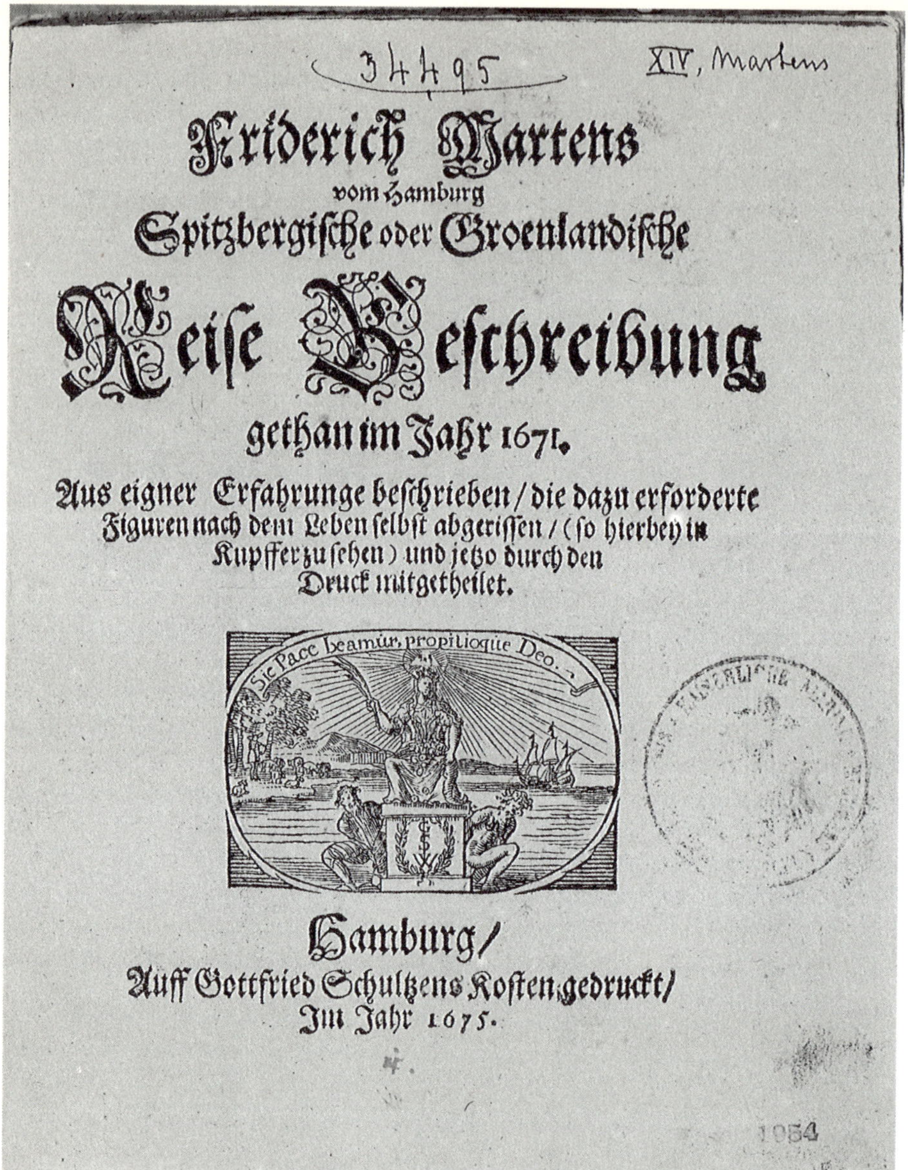

34495 XIV, Martens

Friderich Martens
vom Hamburg
Spitzbergische oder Groenlandische
Reise Beschreibung
gethan im Jahr 1671.

Aus eigner Erfahrunge beschrieben / die dazu erforderte Figuren nach dem Leben selbst abgerissen / (so hierbey in Kupffer zu sehen) und jetzo durch den Druck mitgetheilet.

Hamburg /
Auff Gottfried Schultzens Kosten gedruckt /
Im Jahr 1675.

1954

Abb. 1
Titelblatt von »Spitzbergische und Groenlandische Reise Beschreibung gethan im Jahre 1671« von Friderich Martens (1675).

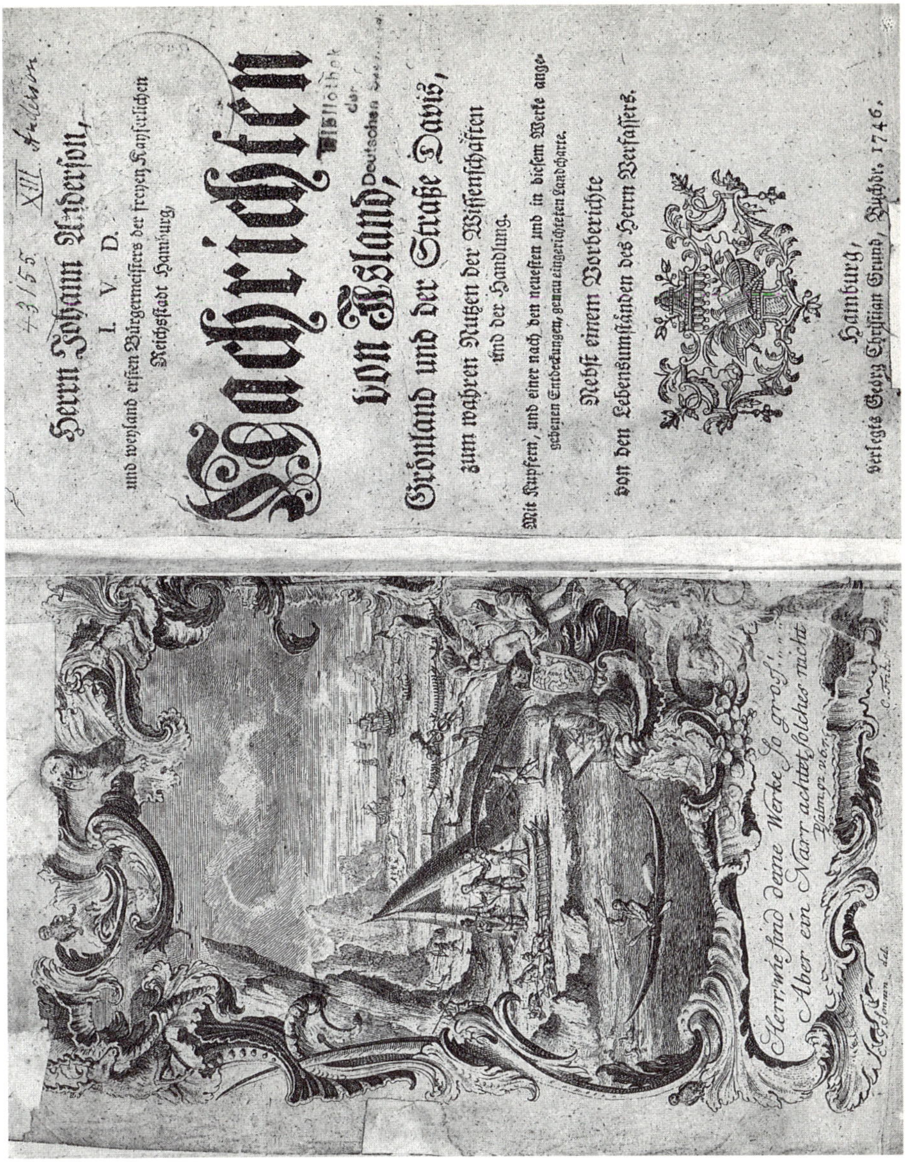

Abb. 2
Titelblatt und Frontispiz von
»Nachrichten von Island, Grönland und der Straße Davis«
von Johann Anderson (1746).

1613) und das des Schweizer Arztes und Naturforschers Conrad von Gesner *Historia animalium* (Gesner, 1551-58). Vor allem das letztere, das als **das** Tierbuch der Renaissance galt, und das in der 1563 erschienenen deutschen Übersetzung (Gesner, 1962) viel gelesen wurde, hat die zeitgenössischen Vorstellungen von der Tierwelt geprägt, also auch die der Walfänger. Gesners Werk umfaßt Tausende von Seiten und und enthält zahllose Holzschnitte, u.a. das bekannte Nashorn von Albrecht Dürer. Gesner hat versucht, alles zoologische Wissen seiner Zeit und das seiner gelehrten Vorgänger zusammenzutragen.

Eine seiner wichtigen Quellen ist Aristoteles, dessen großartige Beobachtungsgabe und sorgfältige Beschreibungen der Natur über Jahrhunderte hinweg unübertroffen und unwidersprochen blieben. Ihn haben insbesondere Seetiere und darunter natürlich die Bewohner der Ägäis fasziniert. Gesner (1962) zitiert Aristoteles, der 340 v.Chr. den dort heimischen Gemeinen Delphin beschreibt:

> »Der Delphin besitzt ein Blasloch und Lungen....und schläft mit seiner Nase über Wasser, und wenn er schläft, dann schnarcht er. Keiner wurde je gesehen, der Eier trägt, aber direkt einen Embryo, wie im Falle der Menschen. Seine Tragzeit beträgt 10 Monate und er bringt sein Junges im Sommer zur Welt. Der Delphin ist mit Milch ausgestattet und säugt sein Junges....das ihn lange Zeit begleitet. Das Tier ist von großer elterlicher Fürsorge. Das Junge wächst schnell und ist mit 10 Jahren ausgewachsen. Es lebt viele Jahre; man sagt, daß manche 25 oder 30 Jahre alt werden. Tatsächlich machen Fischer manchmal eine Kerbe in ihren Schwanz und setzen sie wieder frei - und durch dieses Experiment bestimmen sie ihr Alter«.

Hiermit hat Aristoteles genial und präzise die wichtigsten allgemeinen Charakteristika der Wale, zu denen die Delphine ja gehören, zusammengefaßt. Er hat die Wale diesen Kriterien zufolge in sein Tiersystem eingeordnet, indem er ihnen den Rang von »Bluttieren«, heute sagen wir Wirbeltiere, gab, sie zu den »Lebendiggebärenden Vierfüßern« stellte, und sie als deren 7. Gruppe, als »Wassersäugetiere« klassifizierte. Die Delphine, die er selbst so eindeutig als Säugetiere beschreibt, beläßt er merkwürdigerweise in der Gruppe der Fische.

Das Interesse an den großartigen zoologischen Ideen und den Kenntnissen des Aristoteles verlor sich bekanntlich bald nach seinem Tode. Über Jahrhunderte hinweg betrachtete man nun die Tierwelt und damit auch die Wale nicht mehr wissenschaftlich analysierend und ordnend, sondern aus magischer, mythischer und auch ästhetischer Sicht. Tiere erscheinen fast ausschließlich in Fabeln und Wundergeschichten; Sagen und Wahrsagungen. Phantasie und Aberglauben beherrschen die Zoologie und mit ihr die Cetologie.

Conrad Gesner scheinen die phantastischen Darstellungen und Beschreibungen dieser Zeit stark beeindruckt zu haben, denn er zitiert sie ausführlich und meist ohne Kritik. So den Römer Claudius Aelianus (um 175-235 n.Chr.), der in seinem Werk ganz nachhaltig die Wundergläubigkeit seiner Mitmenschen nährt. Er hat um 200 nach Chr. eine Naturgeschichte der Tiere in 17 Büchern (Aelianus, 1958/59) geschrieben, in denen die »Wallfische« als furchterregende Ungeheuer erscheinen:

> »daß - im Meer - eine Menge der großen Wallfischen gesehen werden, auß welchen etliche Angesicht haben wie Löwen, Panthertier, Widder und Affen, etliche Weiberangesicht welchen anstatt des Haars Stacheln herabhängen: sind auch viel grausamer scheußlicher Tier, welche sich zuzeiten auff den Grund herablassen, ersteigen die Bäum bei Nacht, schütten die frucht herab, fressen dieselbe, kehren dann wieder umb in das Meer« (zitiert nach Gesner, 1962).

Auch der berühmte Dominikanermönch Albertus Magnus (1193-1280) kommt bei Gesner zu Wort. Er mindert den Horror vor den Wallfischen keineswegs. Er verkündet in seinem Werk *De Animalibus* (Albertus Magnus, 1478):

> »ihre Augen sind so groß, daß in dem Ort worinn das Aug gestanden 15 Menschen sollen stehen können; über den Augen haben sie lange Hörner, mit welchen sie die Augen zur Zeit des Ungewitters schliessen, und sollen solche gemeiniglich 8 Schuch - also 2 m! - lang und ihrer an der Zahl 250 umb jedes Auge sein« (zitiert nach Gesner, 1962).

Besonders breiten Raum nehmen in Gesners *Thierbuch* Wale ein, die der skandinavische Naturkundige Olaus Magnus (1490-1557) im sogenannten »Mitternächtigen Meer« gesehen hat (Magnus, 1555). Um Grönland herum sei es von marinen Umgeheuern bevölkert (Abb.3): Der Schweinwal, der hier lebt, sei »scheußlich« und der Bartwal trüge »Hörner und Zähne im seinem feurigen Gesicht«. Hier zeigt sich Gesner allerdings skeptisch gegenüber Olaus' Beobachtungen: »wie er die conterfeitet,... wiewol und recht, mag er selbst verantworten«. Nichts Gutes lassen zwei grimmig und verschlagen dreinblickende, ein Segelschiff verfolgende »Balenen« ahnen (Abb.4). Ins Wasser geschleuderte Fässer und Trompetenfanfaren gelten als letztmögliche Abwehrmaßnahmen der verzweifelten Seefahrer. Gesner hält die Situation keineswegs für ungefährlich:

> »Diese Figur zeiget etliche große Balenen welche nach der grösse dem gebirg gleich sollen seyn, kehren die Schiffe so sie bekommen zu grund, sie werden dann mit mächtigem Geschrey, Getummel, Trompeten und Getön von den leeren Fässern, in das Meer geworfen, abgeschreckt und hinweggetrieben.«

Man schien bereits Kenntnis von der akustischen Sensibilität der Wale gehabt zu haben, die ihre Umwelt, wie wir heute wissen, mit einem Biosonarsystem höchst differenziert abhören können.

Olaus hat in dieser Schilderung ein typisches Merkmal der Bartenwale dargestellt, nämlich die zwei riesigen Blaslöcher. Aus ihnen steigt die doppelte Fontäne auf, an der diese Tiere auf weite Distanzen hin identifizierbar sind. Die aus Wasserdampf, also nicht aus Wasserstrahlen bestehenden Fontänen können bis 7 m hoch über die Meeresoberfläche aufsteigen, also der Schiffsbesatzung tatsächlich bedrohlich erscheinen.

Von der ungeheuren Größe der Wale hat sich angeblich auch der Heilige Brendan überzeugen können, der auf einer kleinen, einsamen Insel landete, wo er, wie Olaus (Magnus, 1555) berichtete, friedlich eine Messe zelebrierte, bis sich plötzlich der Boden unter ihm bewegte!

Daß die Wale auch untereinander nicht ständig in Frieden leben, zeigt auch Gesners »Zyffwall«, der von einem anderen Wal angegriffen wird, der »soll das allerscheußlichste seyn so gesehen werden kan« (Abb.5). Auch das reich ornamentierte, spitzschnäuzige Individuum (Abb.6) ist möglicherweise keine säugende Walmutter, sondern das Opfer kleiner, nahverwandter Widerlinge. Daß bestimmte Walarten in der Tat andere attackieren, wurde tatsächlich in neuer Zeit vielfach belegt: Orcas, die Schwertwale, greifen beispielsweise Blau- oder Grauwale an und zerfleischen sie gelegentlich sogar vollständig.

Neben dem Getier, das wir bei aller Bizarrheit doch recht gut als Wale akzeptieren können, stellt Gesner in seinem Kapitel »Von allerley Wallfischen« auch Wesen dar, bei denen uns diese Zuordnung erheblich schwerer fällt. Der »Monachus marinus« wurde mehrfach an europäischen Küsten gefangen. Einer verfing sich in einem Heringsnetz. Gesner sagt, seine »gedörrte« Leiche sei dem dänischen König zugeschickt worden, der sie zu einem Meerwunder erklärte. Der »Episcopus marinus«, der 1531 an der polnischen Ostseeküste strandete, wurde mit Erfolg wieder ins Meer zurückgesetzt. Beiden Formen fehlten, wie Gesner zweifellos selbst recht gut wußte, und wie wir heute mit Sicherheit annehmen, jegliche Cetaceenmerkmale.

Noch zu Beginn des 17. Jahrhunderts gelten Wale den gelehrten Zoologen zufolge somit als ungeheuer große, fantastisch gestaltete Meerestiere, die Zähne oder Barten im Maul tragen, die ihre Atemluft durch große Röhren ausstoßen, die lebendige Junge gebären und diese säugen, und deren Gefährlichkeit für den Menschen außer Zweifel steht. Über ihre Lebensweise, ihren Nahrungserwerb, ihre Verbreitung in den Meeren oder ihr Verhalten den Artgenossen gegenüber aber weiß man nichts.

Abb. 3

Ausschnitt aus der *Carta Marina* von Olaus Magnus (1539).

Abb. 4

Große »Balenen« bedrohen die Schiffahrt.

Aus Conrad Gesner's *Historia animalium*, 1555, unter Berufung auf Olaus Magnus.

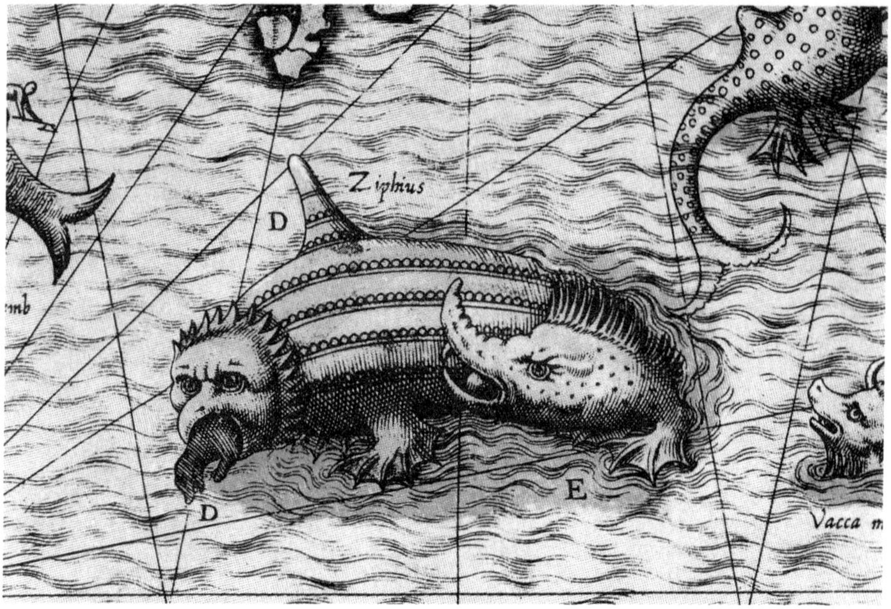

Abb. 5
Ein »Zyffwall« oder »Suffwall« verschluckt ein »schwarzes Meerkalb«, wobei er durch »ein ander grausam Tier« angegriffen wird. Ausschnitt aus der *Carta marina* von Olaus Magnus (1539).

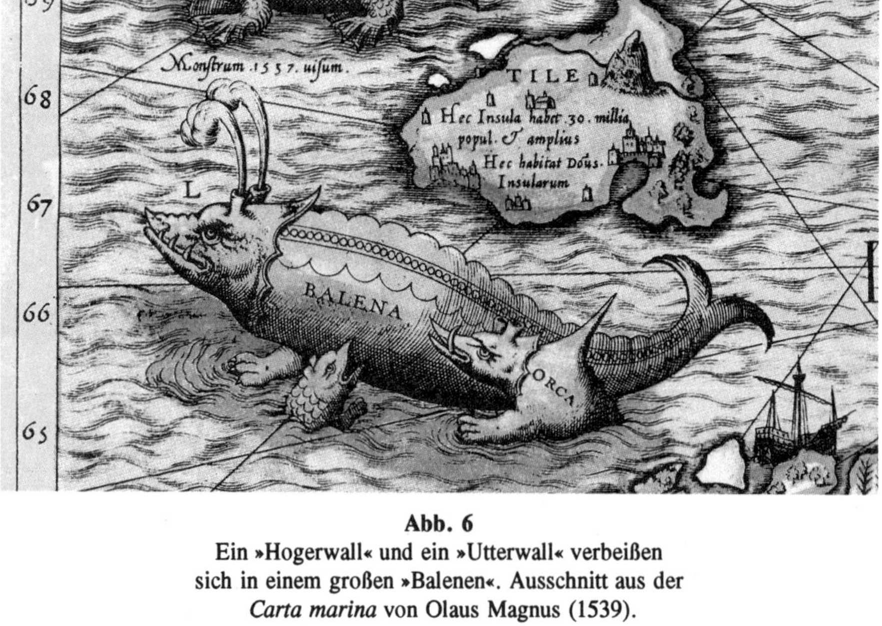

Abb. 6
Ein »Hogerwall« und ein »Utterwall« verbeißen sich in einem großen »Balenen«. Ausschnitt aus der *Carta marina* von Olaus Magnus (1539).

Abb. 7

»Poli Arctici«. Kupferstich (1636) von Henricus Hondius. Aus: Hondius' Ausgabe von Gerhard Mercatoris *Ander Theil des Weltbuches*. Amsterdam, 1636. (Im Besitz der Autorin; Legende: *Poli arcitici, et circum acentium terrarum descriptio novissima. Sumptibus Henrici Hondy)*.

3. Zwei Beiträge aus Hamburg zur Wal- und Polarkunde

Im Jahre 1643 erhält ein Hamburger Reeder, Johan Been, vom dänischen König Christian IV das Privileg, bei Spitzbergen Wale fangen zu dürfen. Der dänische König betrachtet Spitzbergen als einen Teil von Grönland und sich selbst damit als hoheitsrechtlich zuständig (Abb.7). Der vielfach verwendete Begriff »Hamburgs Grönlandfahrt« leitet sich von dieser großzügigen geographischen Interpretation ab. Eigentlich handelte es sich um Hamburgs Spitzbergenfahrt. In diese Region trieb es die Hanseaten, weil sie von einer aufregenden Beobachtung einiger Seefahrer gehört hatten, die auf der Suche nach einer NO- oder NW-Passage durch das Eismeer andere Teile der Welt entdecken wollten, unter ihnen John Davis, Willelm Barends, Henry Hudson und William Baffin. Sie fanden die Passagen nicht, aber ungeheure Mengen von Walen.

Es gab sie »in Menge und Überfluß« schreibt der holländische Kommandeur Cornelis Gijsbertsz Zorgdrager 1723. Sie hielten sich im Sommer so zahlreich in Küstennähe auf »daß man nach Belieben nicht allein an den Fisch [also den Wal] hinrudern konnte, sondern auch, wenn er geschossen war, vielmals die anderen Fische wegscheuen, oder mit dem Riemen auf den Leib schlagen und aus dem Weg jagen mußte, damit man dem vestgemachtten Fisch beikommen

Abb. 8
Abspecken der Wale und Auskochen des Trans an Land. Kolorierter Stahlstich aus: G.T.Wilhelm: Unterhaltungen aus der Naturgeschichte. Der Säugethiere zweyter Theil. Martin Engelbrecht'-sche Kunsthandlung, Augsburg, 1808, Tafel LXIX. 181.

konnte«. Oder in einem Hamburger Schiffsjournal heißt es: »dann die Fische bey etliche 1000 am Walle (= an der Küste) gewesen, daß sie nicht gewußt, welchen sie am ersten schießen sollen« (zit. nach Oesau, 1955).

Nie zuvor hatte man von derart großen Walbeständen in Europa gehört, geschweige denn von ihrer Gewohnheit, sich in dichten Formationen unter Land aufzuhalten. Spitzbergen lag also inmitten der »Walfischsee«. Von der Insel aus konnte man relativ bequem der Wale habhaft werden: die sog. Baienfischerei betrieb man, indem man von Land aus mit Schaluppen zum Fang auslief. Die harpunierten Wale wurden ans Ufer geschleppt und dort abgespeckt (Abb.8). Nachdem in Landstationen der Speck ausgekocht war, füllte man den fertigen Tran in Fässer, worin er in die Heimat verschifft wurde.

An der Baienfischerei nahm Hamburg nur kurze Zeit teil. Schon in den 40er Jahren des 17. Jahrhunderts wurden die Wale in Inselnähe so selten, daß man diese Art der »Befischung« einstellen mußte. Man bekam bereits die Folgen der intensiven Bestandsnutzung zu spüren, den die natürliche Reproduktionsrate der Wale nicht kompensieren konnte. Auch schienen die Tiere gelernt zu haben, den Nachstellungen zu entgehen: sie flüchteten in die küstenfernen, schützenden Eisfelder. Möglicherweise waren auch klimatische Veränderungen an diesem Rückzug schuld. Die Walfänger folgten ihnen auch in das treibende »Großeis«,

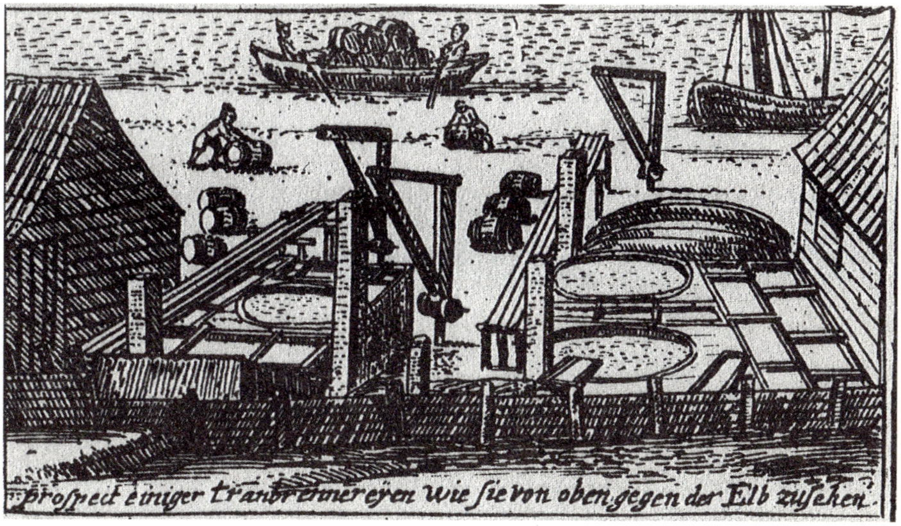

Abb. 9
Tranbrennerei am Elbufer von St.Pauli. Kupferstich von H.M. Winterstein.
Aus: Peter Hesselius, 1675.

das sich zwischen der Davisstraße, Jan Mayen und Spitzbergen erstreckt. Hier fand in den 50er bis 70er Jahren des 16. Jahrhunderts, zur Blütezeit von Hamburgs Grönlandfahrt, die sog. Eisfischerei statt. Die harpunierten Wale wurden nun zum Abspecken oder Flensen längsseits am Schiff - an Backbordseite - vertäut, nachdem man ihnen die gewaltige, die Prozedur störende Fluke abgeschlagen hatte. Da man zu weit von den Landkochereien entfernt war, füllte man nun die Speckstücke in Fässer. Oft unerträglich stinkend, wurde der Blubber nach Haus gebracht, z.B. in den Heimathafen Hamburg, wo er am Elbufer in den berüchtigten Trankochereien an der heutigen Hafenstraße verkocht wurde (Abb.9).

3.1 Friderich Martens

Auf einer der Walfangreisen ins Westeis an Bord von »Jonas im Walfisch« hat der bereits erwähnte Hamburger Friderich Martens während seines 5-monatigen Dienstes als Schiffsbarbier minutiös Tagebuch geführt (Martens, 1675): Er erlebt, wie 8 Wale harpuniert, getötet und abgespeckt werden; und er nutzt die Zeit, diese Tiere in seiner bilderreichen, präzisen und gleichzeitig munteren Sprache zu beschreiben. Im 7. Kapitel seines Buches widmet er ihnen 11 Seiten, auf denen geradezu liebevoll genau und sorgfältig ihre gestaltlichen und anatomischen Charakteristika, ihre Nahrung, ihre Feinde, sogar ihre »Sitten« und Krankheiten dargestellt werden. Er fügt der Beschreibung einen Kupferstich bei, der zwei Ansichten eines Grönlandwals und einen Finnwal zeigt (Abb.10). Der Finwal ist die erste erhalten gebliebene Darstellung eines Furchenwals.

Schlagartig werden durch Text und Bild des Schiffsbarbiers aus den unheimlichen, monströsen Ungeheuern lebensechte Wale. Sein Werk war in seiner naturwissenschaftlichen Exaktheit ein solcher Schritt voran, daß es in der folgenden Zeit, wie bereits erwähnt, wieder und wieder zitiert und kopiert wurde. Die Abbildung zeigt, daß der Kopf des Grönlandwals etwa 1/3 der Körperlänge ausmacht; daß seine Unterlippe gewaltig zum Oberkiefer hin aufragt und so den riesigen Filterraum bildet, in den hinein die Barten vom Gaumendach hinabhängen; und daß ihn ein weißer Kinnfleck, eine leichte Nackenfurche und die fehlende Rückenflosse von anderen Arten unterscheidbar machen. Moderne cetologische Darstellungen korrigieren das Bild des Grönlandwals nur hinsichtlich der Körperform, von der man durch Unterwasseraufnahmen jetzt weiß, daß sie gestreckter und schlanker ist als Martens annahm (Abb.11).

Im Text beschreibt Martens, daß die Tiere von »dicker schwarzer Haut überzogen« sind,

> »schön gemarmelt mit weissen Strichen, oder wie man in Marmorsteinen sihet Bäume, Häuser und dergleichen. In eines Fisches Schwantz war die Zahl 1222 schön in gleicher Reige gemarmelt, als wenn sie mit Kunst darauf gemahlet war.«

Abb. 10
Abbildung zweier Grönlandwale und eines Finnwals.
Aus: Friderich Martens, 1675.

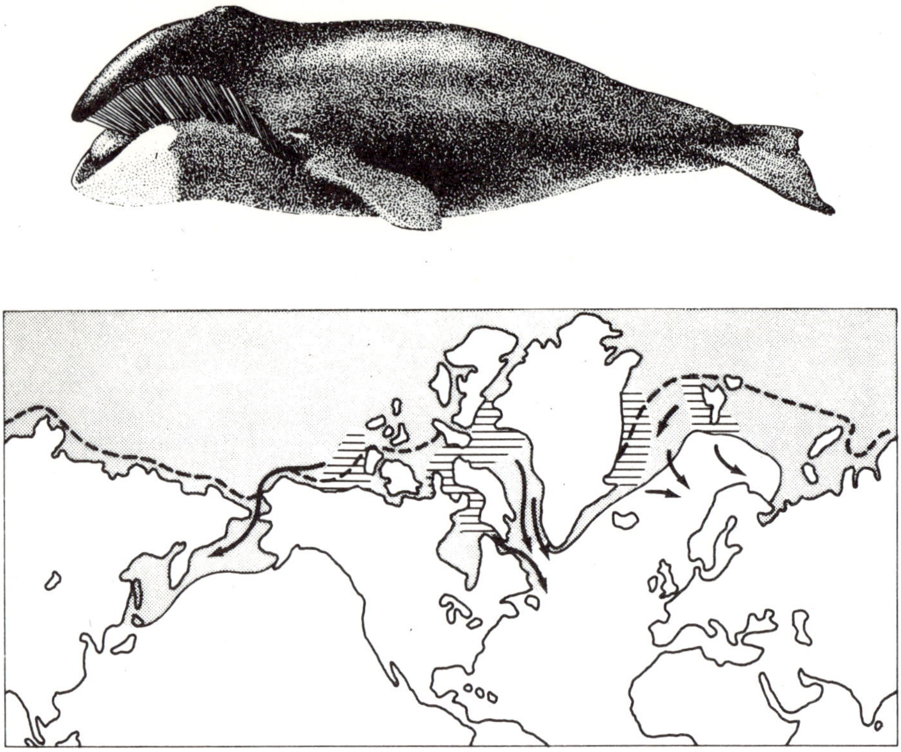

Abb. 11
Der Grönlandwal, Balaena mysticetus, und seine saisonalen Wanderwege im Nördlichen Eismeer. Aus: R.R. Baker, 1978.

Fast poetisch fährt Martens fort:

»Zierlich von Ansehen fürnehmlich wann die Sonne auff das Wasser scheinet, die kleinen klaren Meereswellen gläntzen auff ihn wie Silber.... Wann sie naß seynd. seynd sie glatt wie Aal. Daß man darauff stehen kan, macht daß er weich wie ein ander groß Vieh ist, da die Haut und das Fleisch von der schwere halben eingedrucket wird«.

Dann geht Martens ins anatomische Detail:

»Die außwendige Haut ist dünn wie ein Pergament, die man leicht mit den Händen abziehen kan, wenn der Fisch erhitzet. Ich kan nicht wissen, ob die Haut von der innerlichen Hitze deß Fisches also verbrennet, wann er trucken auf dem Wasser lieget....Auff dem Speck ... sitzet unter der obern dünnen und schon beschrieben Haut eine andere Haut Daumens dick«.

Und weiter in anatomische Tiefen vorstoßend, bemerkt er:

»Das Fleisch an Wallfischen sitzt gantz allein und die Feiste (=der Speck) sitzet oben darauff zwischen Haut und Fleisch, ein Viertel von der Elen (= 15 cm) auff dem Rucken und unten am Bauche dick, auch habe ichs gesehen, über 12 Daumen (= 60 cm) dick«.

In der Tat besteht die Haut der Wale aus einer nur wenige Millimeter dicken Oberhaut oder Epidermis, und einer kräftigeren Dermis aus lockerem Bindegewebe; beide sind durch Papillen miteinander verzahnt. Erst darunter liegt das Unterhautbindegewebe, die Speckschicht oder der Blubber. Martens war auch mit seinen Dickenangaben sehr genau: Grönlandwale haben unter allen Walen die dickste Speckschicht. Damit ist eine wesentliche Voraussetzung für den Walfang überhaupt gegeben, nicht nur, weil der Speck der Rohstoff für den Tran war, sondern auch, weil die Speckschicht den toten Körper nach dem Harpunieren bei diesen großen Glattwalen nicht im Wasser absinken läßt, wie es bei anderen Walarten der Fall ist.

Martens vermutet, daß die Wale außerhalb des Wassers »von der innerlichen Hitze« verbrennen. Tatsächlich haben Wale als warmblütige Säugetiere eine hohe Körpertemperatur. Eine Überhitzung können sie im Wasser durch ein raffiniertes Rückflußkühlsystem verhindern. An der Luft reicht dieser Überhitzungsschutz aber nicht aus.

Die Größe der Wale beschreibt Martens ebenso sachlich wie alle übrigen Merkmale:

»Unser größter Wallfisch war 53 Fuß (= 17,6m) lang, davon schnitten wir 70 Kardelen oder Fässer Speck, sein Schwantz war viereinhalb Faden (= 7 m) breit. Schiffer Peter Petersen der Friese berichtet mich, daß sie einen todten Wallfisch gefunden, davon haben sie geschnitten 130 Kardelen Speck, ... er berichtet mich auch, daß er nicht viel länger wie unser größter gewesen«.

Diese Diskrepanz ergäbe sich daraus, meint Martens, daß alte Wale nur ein geringes Längenwachstum haben, aber mächtig an Feistigkeit, also Dicke zunähmen. »Die Feisten« könne man »leicht gemächlich fangen«, weil sie »leicht ermüdet werden«.

Typisch für Martens Schreibstil und seine präzise Beobachtung ist auch sein Text über das Blasloch:

»Oben auf dem Puckel sitzt an jeder Seite ein Blasloch, zwey gegeneinanderüber, welche von beyden Seiten krumb gebogen seynd, als ein lateinisches S oder wie das eingeschnittene Loch auff einer Viol, daraus bläst er das Wasser gantz stark, daß es brauset wie ein holer Wind, welchen man höret, wenn der Wind in eine Höle, gegen einer Ecke eines Brettes wehet, oder wie ein Orgelpfeiffe«.

Ein biologisches Problem scheint Friderich Martens viel Kopfzerbrechen gemacht zu haben, denn es hat ihn zu einer ganzen Serie von Experimenten veranlaßt. Von gestrandeten Pottwalen war bereits im 17. Jahrhundert bekannt, daß ihr großer, kastenförmiger Kopf den sogenannten Walrat oder das Spermaceti Öl enthält. Diese Substanz, die an der Luft dickflüssig, weißlichtrübe ist, hielt man lange für das Sperma des Pottwals - über den merkwürdigen und unpraktischen Aufbewahrungsort dieses Stoffes im Kopf schien man sich allgemein nicht weiter zu beunruhigen. Martens dagegen hegte Zweifel an der landläufigen Interpretation: er begann mit dem Sperma des Grönlandwals genauere Untersuchungen durchzuführen. Da auf seiner Reise 4 männliche Tiere gefangen wurden, stand ihm genug Versuchsmaterial zur Verfügung. Er beschreibt in seiner Abhandlung zuerst den Penis:

»Das Wallfisch Männleins Glied ist ein starcke Sähne, und nach dem die Walfische groß seynd, 6.7 und acht Schuch lang (= bis 2m), wie ich auch selbst gesehen. ...es lieget wie ein Messer in einer Scheide steckt, da man vom Messer nichts siehet, als ein wenig von der Schalen....Des Wallfischs Same, wann er frisch, riecht als Weitzen Meel mit Wasser gekocht, weil es noch heiß ist; ist schön weiß, läßt sich aber wie Fadem ziehen, als heiß Briefelack, Hartz, Leim und dergleichen....Ich habe auff viellerley Art versucht, seinen Samen frisch zu behalten, habe aber den Apothecker Walrath oder Sperma Ceti nicht herauß bringen können. Man kan von Walfisch Samen gantz Eimer voll vom Wasser schöpfen. Denn dieser...treibt auff dem Meer wie Feiste (= Speck)«.

Und dann beginnt sein experimentelles Protokoll:

»Ich versuchte den Wallfischsamen an der Sonne zu trucknen, der ward wie ein Rotz, wann der dünne Schleim davon vertrucknet, wird er gesehen mit langen Faden, welche dicker und schwerer sind, als die man in der Lufft siehet...Den vierten wolte ich verwahren in saltzen Meerwasser mit nach Hamburg zu nehmen, verging aber im Wasser wie Leim, und das Wasser ward faul und übel stinckend, also daß er in keinerley Weise der Apothecker Sperma Ceti gleich siehet.«

Sicher ist, daß bis zum heutigen Tage kein Walforscher je wieder dergleichen sorgfältige Experimente gemacht hat. Zum Schluß seines 7. Kapitels beschreibt Martens »des Wallfischs Sitten«:

> »Was des Wallfischs Sitten anlanget, merckt man, daß er nach seiner Grösse berhertzt seyn soll, denn wann er einen Menschen, oder die kleinen Neben=Schifflein, Slupen genannt, siehet, laufft er unter Wasser, wie ein wilder Vogel sich vor Menschen scheuet, wann er von dannen flieget. Ich habe nie gesehen und von keinem vernommen, daß er von sich selber aus Boßheit den Menschen beschädigen wollen, (- jedoch -) als was er in Noth erreicht, das achtet er wie ein Stäublein, wie er auch die Schlupen achtet, die er zu kleinen Splittern schlägt« (Abb.12).

Eindeutig erfreift Martens Partei für den Wal, der tatsächlich ein scheues, friedliches Tier ist, also keineswegs ein aggressives Ungeheuer.

Abb. 12
Ein Grönlandwal bringt eine Schaluppe mit Walfängern zum Kentern. Kolorierter Stahlstich aus: G.T. Wilhelm: Unterhaltungen aus der Naturgeschichte. Der Säugethiere zweyter Theil. Martin Engelbrecht'sche Kunsthandlung, Augsburg, 1808, Tafel LXVIII.

3.2 Johann Anderson

Der zweite Hamburger, der sich der arktischen Wale annimmt, ist im Gegensatz zu Martens von Haus aus ein Gelehrter: es ist der Jurist und Bürgermeister Johann Anderson. Anderson zeichnet sich u.a. dadurch aus, daß er versucht, das naturkundliche Wissen seiner Zeit systematisch zu ordnen. Das System, in das er die ihm bekannten Walarten einordnet, ist in seinen Grundzügen auch heute noch gültig (Abb.13). Über die am Rande seiner Ordnung stehenden Wale »mit

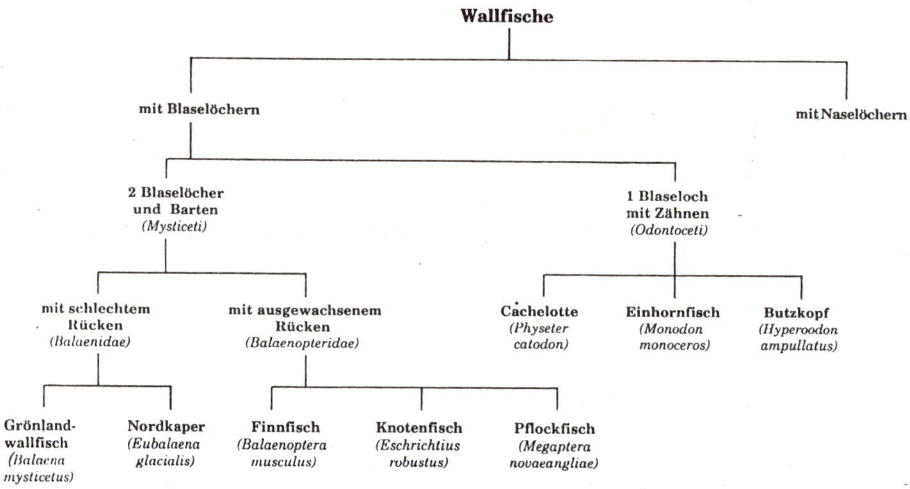

Abb. 13
Die systematische Ordnung der Wale, wie sie sich aus dem Text des Johann Anderson (1746) ergibt, unter Hinzufügung der heute gültigen wissenschaftlichen Bezeichnungen der Tiere. Bei denen mit * versehenen Gattungen oder Arten kann die Zuordnung nicht eindeutig getroffen werden.

Naselöchern«, weiß er allerdings nur, daß ältere Autoren von zwei in Schottland gestrandeten Exemplaren gehört hätten. Solche Tiere scheinen nie wieder gesichtet worden zu sein.

Andersons Beschreibung (Anderson, 1746) der arktischen Walarten basiert sehr auf Martens' Wissen. Er stützt sich aber auch auf Informationen und Berichte aus der Niederelbe-Region, von wo aus man eine rege Handelsschiffahrt zu den nordischen Ländern betrieb (pers. Mitt. G. Wegner). Darüber hinaus entwickelt Anderson viele eigene Gedanken und Einsichten. Beispielsweise erkennt er das Ohr als sehr wichtiges Sinnesorgan der Wale:

> »so hat die weise Vorsorge des gütigen Schöpfers ihn auch noch mit einem überaus scharfen und weiten Gehör zu seiner Rettung versehen. Zwar merket man am Kopf äußerlich nicht die geringste Spur einiger Ohren oder Ohrlappen, die ihm auch nur im Schwimmen hinderlich... Allein so bald die obere Haut vom Kopf hinweggethan wird, findet sich recht hinter dem Auge und ein wenig niedriger, ein schwarzer Flecken, und auf derselben Stelle eine zarte Röhre, wodurch ohne Zweifel der Schall bis zum Trummelhäutgen dringet. Denn durch dieselbe fahren und stoßen die Matrosen mit einem Bootshaken, ohngefähr zwo Ellen tief auf die Cochleam ....so ein besonderer zum Gehör dienender Knochen, von ihnen Walfischohr genannt.«

Die innere Anatomie des Grönlandwals ist auch Anderson »nicht bekannt, weil noch keiner, der die Zerschneidungskunst gewußt, oder daran auszuüben Lust gehabt hätte, dazu gekommen.« Aber er hält die Därme der Wale für Auftriebsorgane. Diese Idee entpuppt sich später als Irrtum, denn die im Gedärm beobachteten Gase entstehen durch Fäulnisprozesse nach dem Tod der Tiere, haben also nichts mit den Schwimmblasen von Fischen etwa zu tun.

Neben vielen weiteren Informationen über Paarung, Wanderung und Fortpflanzung der Grönlandwale, die in späteren Zeiten kaum an Genauigkeit übertroffen wurden, äußert sich Anderson auch über die Ernährung dieser Tiere. Dabei weist er allerdings ziemlich ungnädig darauf hin, daß er das »Gewürm«, die Walnahrung also, nie zu Gesicht bekam »wegen der unglaublichen Nachläßigkeit derjenigen, die auf den Fang fahren....«. Er zitiert darum den holländischen Kommandeur Zorgdrager (1723), der das Plankton offensichtlich besser kennt:

> »Ihr Name ist Walfischaas: schmecket wie die rohen Muscheln. Sein Geruch ist gleich, wenn man mit Händen lange in ungekochtem Zucker gearbeitet hat: der Geruch bleibet lange am Finger sitzen. Solch Aas empfähet der Wallfisch mit seinem großen Maul häufig, mit seinen Baarten zermalmt er es.«

Anderson nimmt sich noch einer weiteren arktischen Walart intensiv an, die - in enger Beziehung zur Mythologie - die Phantasie der Menschen bereits jahrhundertelang beschäftigt hat: dem Narwal oder Einhornwal oder Seeeinhorn oder Einhornfisch. Dieser Wal scheint häufig mit Grönlandwalschulen vergesellschaftet aufzutreten oder diesen voranzuschwimmen. Man schien, beeinflußt von der Vorstellung des mittelalterlichen, landlebenden Einhorns, noch unschlüssig gewesen zu sein, wie diese Tiere zoologisch einzuordnen seien. In dem Arzneikundebuch von Pierre Pomet (1684) ist darum neben dem echten Narwal ein See-

Einhorn dargestellt, ein mit Krone, Horn und Nüstern recht schlecht an das Wasserleben angepaßtes Wesen (Abb.14). Anderson muß 100 Jahre später noch immer zugeben, daß »es unsern Leuten selten zu Gesicht kommt und noch seltener mit aufmerksamen Augen betrachtet wird.« Er kann sich aber glücklicherweise sein eigenes Bild machen, denn 1736 strandete ein Narwalbulle in der Elbe bei Osten. Anderson kann ganz genau Maße, Färbung und Gestalt des Tieres studieren, ehe dieses der Verwesung anheimfällt und darum aus Hamburg abtransportiert wird (Abb.15). In Leipzig, Dresden und Halle wird es, penetrant

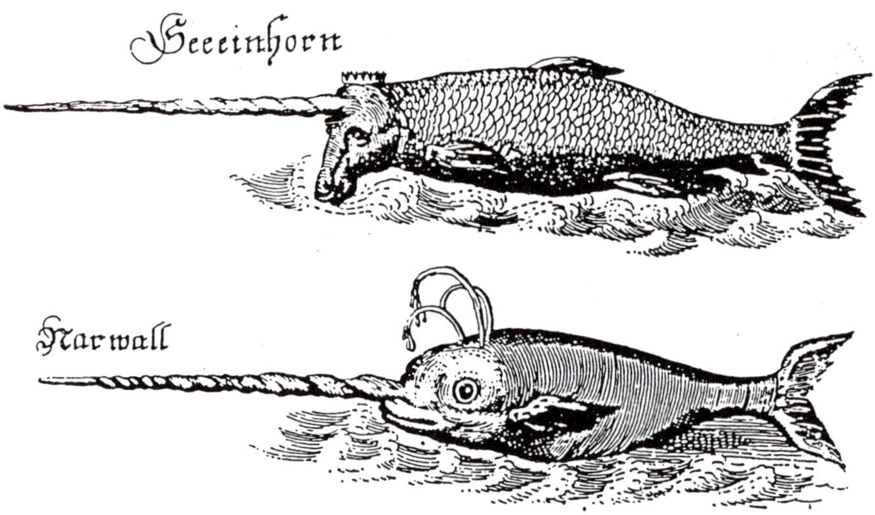

Abb. 14
»Seeeinhorn« und »Narwall«.
Aus: Pierre Pomet, 1684.

riechend, noch monatelang zur Schau gestellt (Mohr, 1935).

Andersons Interesse gilt insbesondere dem spiralig linksgewundenen Zahn, der links aus dem Oberkiefer herausragt. Er fragt sich, ob ungeborene Narwale und Weibchen wohl auch dergleichen Zähne haben. Ersteres kann er sich nur schlecht vorstellen: »... es scheinet mir auch selbst unmöglich: denn es müßte aller Vermuthung nach die Bäremutter während der Tracht oder in der Geburt durch dergleichen Stachel verletzet werden.«

Es irritiert ihn auch das Skelett eines Narwalschädels, das ihm als eine außergewöhnliche Rarität bekannt ist. Es trägt zwei Zähne und gehörte offensichtlich zu allem Überfluß einem Weibchen, denn man fand einen Fötus im Leib

Abb. 15
Der 1736 am Elbufer gestrandete Narwalbulle.
Flugblatt (Staatsarchiv Hamburg).

dieses Wales. Der Schädel wurde 1684 nach Hamburg gebracht, erregte größtes Aufsehen - man verfaßte eigens ein Flugblatt zu diesem Ereignis - und wurde hoch in Ehren gehalten. Anderson bildet ihn ebenfalls in seinem Buch ab (Abb.16). Auch heute gilt er noch als einzigartiges Wertstück, das man im Zoologischen Museum der Universität Hamburg besichtigen kann.

Anderson denkt anhand dieser ungewöhnlichen Bildung darüber nach, ob die Zweizähnigkeit womöglich der Normalzustand bei den Narwalen sein könne:

> »Indem ich aber dieses zweyzähnigten Weibchens erwehne, kann ich mich nicht enthalten, hiebey zu fügen, daß, ob gleich verschiedene in der Vermuthung gestanden, als wenn der Narwhal ordentlich zweene Zähne, und die Einzähnichte ihren zweyten nur durch Zufall verlohren hätten, ich doch dessen niemals mögen überführet werden.«

Noch viele Argumente pro und contra Zweizähnigkeit schließen sich in Andersons Werk an.

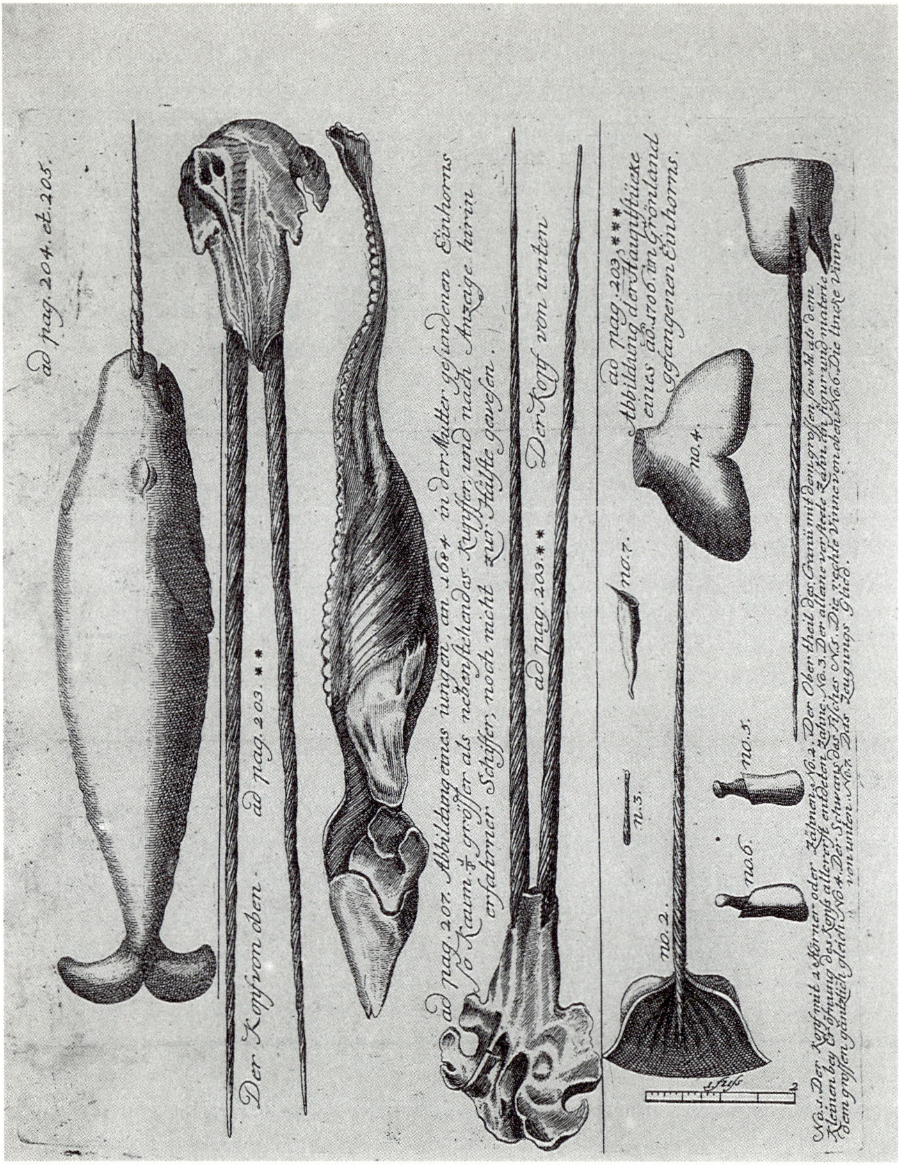

Abb. 16
Anatomische Details des Narwals aus Anderson (1746).
Mitte: der 2-zähnige Schädel eines weiblichen Tieres,
das den abgebildeten Embryo enthielt.

Wir wissen heute, daß Narwalweibchen keinen Stoßzahn besitzen, und daß junge Männchen ihn erst mit einsetzender Geschlechtsreife ausbilden. Er stellt ein sekundäres Geschlechtsmerkmal dar, womit wahrscheinlich die Rangordnung im sozialen Verband der Tiere demonstriert wird.

4. Ausblick

Friderich Martens und Johann Anderson haben bis heute ihre Spuren in der wissenschaftlichen Literatur hinterlassen. In dem anspruchsvollen Lehrbuch »Whales of the World« von Lyall Watson (1981) wird die Arbeit von Martens noch immer als eine der bahnbrechenden Beschreibungen des Grönlandwals genannt.

Die Basis für die meereskundliche Betätigung der beiden Hamburger lieferte das kommerzielle Engagement der Hansestadt in der Arktis: der Run auf Tran und Barten, der Reichtum und Ruhm brachte. Gemeinsam mit den Walfängern anderer Nationen dezimierten die Hamburger den Grönlandwalbestand schließlich so, daß man diese Art über 50 Jahre hinweg für ausgestorben hielt. Erst 1935 entdeckte man überraschend eine Schule von 5 Tieren (Baker, 1978). Heute soll die atlantische Population 1-2000 Individuen umfassen. Sie gilt aber noch immer als vom Aussterben bedroht.

Danksagung

Die Autorin dankt einem unbekannten Referenten für kritische Durchsicht des Manuskripts und wertvolle Anmerkungen. Sven Stäcker hat sich um die Reinschrift des Manuskripts verdient gemacht.

Literatur

Aelianus, Claudius, 1958/59: De Natura Animalium. Textausgabe herausgegeben von A.F.Scholfield in 3 Bänden.

Albertus Magnus, 1478: De Animalibus, herausgegeben von F. Cordubensis, Rom; dt. Thierbuch, herausgegeben von W. Ryff, Frankfurt a.M. 1545.

Aldrovandi, Ulysse, 1613; Monstrorum Historia. De piscibus Libri V
et de cetis liber I. Bononoiae.

Anderson, Johann, 1746: Nachrichten von Island, Grönland und der Straße Davis. Verlag Georg Christian Grund. Hamburg.

Baker, Robin, R., 1978: The Evolutionary Ecology of Animal Migration. Hodder and Stoughton, London.

Gesner, Conrad, 1962: Fischbuch, übersetzt von Georg Horst W. Serlins, Frankfurt am Main.
Gesner, Conrad, 1551-1558: Historia Animalium. Basel.
Hesselius, Peter, 1675: Hertzfliessende Betrachtungen von dem Elbe=Strom. Altona. Wieder herausgegeben von Th. Schäfer, Hannover, 1972.
Magnus, Olaus, 1555: Historia de gentibus septentrionalibus, earundumque diversis statibus, conditionibus, moribus, ritibus etc., Librum XXI, De piscibus monstrosis. Romae.
Magnus Olaus, 1539: Carta marina et desciptio septemtrionalium terrarum ac mirabilium rerum in eis contentarum diligentissime elaborata septentrio Anno dei 1539. Venedig.
Martens, Friderich, 1675: Spitzbergische oder Groenländische Reise Beschreibung gethan im Jahre 1671. Gottfried Schultze, Hamburg.
Mohr, Erna, 1935: Historisch-zoologische Walfischstudien. Beiträge zur Heimatforsch. Schleswig-Holstein Bd. 11.
Oesau, Wanda, 1955: Hamburgs Grönlandfahrt auf Walfischfang und Robbenschlag vom 17.-19. Jahrhundert. J.J. Augustin, Glückstadt, Hamburg.
Pomet, Pierre, 1684: Histoire général des drogues, Paris.
Staatsarchiv Hamburg, 1781/82: Senatsakten Cl. VII Lit. Ke Nr. 8a.
Watson, Lyall, 1981: Whales of the World. Hutchinson, London, Melbourne, Sydney, Auckland, Johannesburg.
Zorgdrager, Cornelis Gijsbertz, 1723: Alte und neue Grönländische Fischerei und Wallfischfang. P.C. Monath, Leipzig; Nachdruck H. Hamecher, Kassel, 1975.

Die Entdeckung der Welt des Planktons

Brigitte Lohff

Erst in der Mitte des 19. Jahrhunderts wurde von Johannes Müller erkannt, daß es eine besondere Lebensform im Meer gibt, die durch den Mangel an Eigenbewegung gekennzeichnet ist. Forscher wie Thomas S. Huxley, Johann Christian Ehrenberg und vor allem Ernst Haeckel trugen dazu bei, die Vielfalt der zum Plankton gehörenden tierischen und pflanzlichen Arten zu erfassen. Mit Victor Hensen setzte eine neue biologisch-quantitative Periode der Erforschung dieser untersten Stufe der Nahrungskette ein. Sein Konzept wurde so fruchtbar, daß zum Ausgangspunkt der modernen Planktonforschung wurde.

The Discovery of the World of Plankton. Only in the middle of the 19th century was it recognized by Johannes Müller that a specific form of life is present in the sea, which is characterized by the lack of own motion. Scientists like Thomas S. Huxley, Johann Christian Ehrenberg and, particularly, Ernst Haeckel contributed to recognition of the variety of the faunistic and floristic species belonging to plankton. Victor Hensen initiated a new period of biological-quantitative study of the undermost level of the food chain. His concept was so successful that it became the starting point of modern plankton research.

Jedem, der in der Meeresforschung sich mit dem Plankton beschäftigt und sich für die Geschichte dieses Faches interessiert, wird zu allererst der Name Victor Hensen (1835-1924) einfallen.[1] Victor Hensens Name steht in dreierlei Hinsicht für die Geschichte dieses Faches:

1. Der Begriff »Plankton«[2] wurde von ihm 1887 eingeführt.

2. Eine verbindliche Definition dessen, was Plankton sei, wurde von ihm im gleichen Jahr eingeführt. Es ist nämlich alles, »was im Wasser treibt, einerlei, ob hoch oder tief, ob todt oder lebendig. Das Entscheidende ist, ob die Thiere willenlos im Wasser treiben, ob sie einen gewissen Grad der Selbständigkeit dieser Triebkraft gegenüber bewahren« (Hensen, 1887, S. 1).

3. Die wissenschaftliche Erforschung des Planktons mit allen durch die Naturwissenschaften bereitgestellten Methoden wurde von ihm nicht nur gefordert, sondern auch von Anfang an konsequent eingesetzt.

Den Biologen war es bereits wenige Jahrzehnte vor Hensen aufgefallen, daß es bestimmte Lebensformen im Meer gibt, die andere Verhaltensweisen zeigen, als alle anderen im Meer lebenden Organismen. Wie es zu dieser Ein"sicht" kam, soll hier gezeigt werden. Zugleich kann diese Geschichte der Entdeckung der Welt des Planktons als ein Beispiel dafür genommen werden, daß die Wahrnehmungen von neuen Zusammenhängen in der Natur auch einer gewissen Zeit bedürfen, bis die Wissenschaftler in der Lage sind, überhaupt etwas *'zu sehen'*, was sie der Erforschung für würdig oder interessant genug erachten.

An dieser Geschichte der Entdeckung der Welt des Planktons ist vor allem der Physiologe, Anatom und Meeresforscher Johannes Müller (1801-1858) beteiligt gewesen. Man kann sogar behaupten, daß er die Tür zu diesem Forschungsgebiet geöffnet hat. Sein Weg dorthin vollzog sich über mehrere Stufen und dauerte - rückblickend betrachtet - ca. 25 bis 30 Jahre.[3]

Notwendige und unabdingbare Voraussetzung war, um überhaupt diese mikrosokopischen Lebensformen wahrzunehmen, daß seit Beginn des 19. Jahrhunderts die Biologen und Mediziner[4] verstärkt wieder das Mikroskop benutzten. Aber auch Müller mußte erst sehen lernen, daß es mikroskopisch kleine Lebewesen gibt, die eine andere Verhaltensweise aufweisen und letztlich auch eine andere Funktion im Haushalt des Meeres einnehmen als die anderen Meeresorganismen. Nun weiß jeder Medizin- oder Biologiestudent, wie schwierig es ist, erst einmal seine Sehgewohnheiten so zu verändern, daß er in der Lage ist, unter dem Mikroskop das zu sehen, was dort wahrzunehmen ist. Hier ist Übung und Erfahrung eine der wichtigsten Voraussetzungen, um dann etwas Ungewöhnliches oder gar etwas Neues zu entdecken.

Johannes Müllers Weg zur Entdeckung der schwebenden Lebensformen mußte den langwierigen Weg durchlaufen, erst Tausende von mikroskopischen Präparaten[5] zu untersuchen, um schließlich am 21. September 1853 seiner Frau Nanny aus Messina mitzuteilen:

> »Dabei haben sich einige in den früheren Jahren begonnene andere Materialien hier weiter entwickelt und wachsen allmählich zu besondern Reihen heran. Rätselhafte Unbekannte des Meeres treten bestimmter auf und werden sicherer bekannt, ohne daß sich ihr Ziel für jetzt noch bestimmen läßt« (nach Haberling, 1924, 393).

Betrachten wir einige Stationen auf diesem Weg etwas genauer, so können wir den ersten Schritt von Müllers Entdeckung der Welt des Planktons mit dem Jahr 1831 ansetzen. In Jahr 1832 wurde Müller zum ordentlichen Professor für

Anatomie und Physiologie ernannt und erhielt damit das erste Mal in seinem Leben ein reguläres Gehalt.[6] Im Sommer 1831 fuhr er nach Holland und sah dort das erste Mal das Meer bei Schevenigen. Begeistert berichtet er seiner Frau: »Fast lief ich von unendlicher Sehnsucht nach dem großen Schauspiel des heiligen Meers, das kein Sterblicher nicht gesehen haben sollte, ehe er die Erde verläßt« (zit. nach Haberling, 1924, S.115).

Seit diesem Zeitpunkt beschäftigte sich Müller mit den im Meer lebenden Organismen. Dabei wurde sein meeresbiologisches Interesse anfänglich davon geleitet, daß er immer wieder in der Tiersystematik und gerade der der Fische größere Ungenauigkeiten entdeckte. Seine Absicht war es, konsequent hier Klarheit zu schaffen. So nutzte er bei seinen Reisen stets die Gelegenheit, in den naturhistorischen Sammlungen die unterschiedlichen Präparate der Gruppe der Ganoiden[7], Plagiostomen[8] und der Myxinoiden[9] zu durchmustern, und er begann eine sorgfältige Untersuchung der Systematik dieser Gattung. Dabei war ihm aufgefallen, daß die Klasse der Cyclostomen[10], die bis dahin noch zu den Fischen gezählt wurde, eine in sich geschlossene Klasse bildete und noch sehr ungenau erfaßt worden war. Im Verlauf seiner Studien entdeckte er dabei eine Art, die noch wesentlich primitiver organisiert war als die Cyclostomen: den Amphioxus - oder wie Müller es auch bezeichnet: Branchiostoma Yarell.[11] Neben diesen mehr systematisch-morphologisch-anatomischen Studien war Müller stets auch daran interessiert, den Entwicklungsgang der jeweiligen Arten zu erforschen.[12]

Ein weiterer entscheidender Schritt auf dem Weg zur Entdeckung des Planktons wurde von ihm vollzogen, als er 1840 in einer naturhistorischen Sammlung ein neues Objekt entdeckte: die Seelilie Pentacrinus caput Medusae (Medusenhaupt). Seit diesem Zeitpunkt begann Müller sich intensiv mit der Erforschung des Stammes der Echinodermen (Stachelhäuter) zu beschäftigen. Diese Stamm war in jeder Hinsicht biologisch noch kaum erforscht. Neben seinen systematischen und anatomischen Studien untersuchte er auch den komplizierten Entwicklungsgang der jeweiligen Arten. Dabei gelang es ihm, die Pluteus Larve als Larvenform der Ophiuriden (Schlangensterne) und Echinoiden (Seeigel) zu identifizieren und die Bipinnaria brachiolaria als die Larvenform der Asterioiden (Seesterne). Die Beschäftigung mit diesem Stamm fesselte ihn über 15 Jahre.

Um die vielfältigen Formen zu analysieren und deren Entwicklung genauer zu studieren, war es notwendig, häufig Reisen an das Meer zu unternehmen, um Wasserproben aus dem Meer zu gewinnen. Wie mühsam und zeitaufwendig diese Untersuchungen waren, entnehmen wir wiederum einem Brief an seine Frau, worin er sie um Verständnis für seine verspätete Rückkehr bittet:

> »Mit eisernem Fleiß durchmustere ich den lieben langen Tag das eingesammelte Wasser, um das zu finden, womit ich meine Beobachtungen fortsetzen kann... Wenn ich noch 8 Tage vergebens

suche, so wird mich das nicht abhalten, mit entsetzlicher Geduld noch 8 Tage jeden Tropfen Wasser die Revue unter dem Mikroskop passieren zu lassen« (zit. nach Haberling, 1924, S. 294).

Mit diesen Studien gewann Müller immer breitere und tiefere Einblicke in die Welt der mikroskopischen Lebensformen, so daß er in der Lage war, Abweichungen von dem Erwarteten überhaupt wahrzunehmen. Allein die Methode, aus dem Wasser diese kleinsten Organismen herauszufiltern, bedurfte einer besonderen Technik. Müller benutzte dafür das »Müller Netz« oder die »Müller-Gaze«.[13] Müller nannte diese Methode »pelagisches Fischen« und den dadurch erhaltenen Netzinhalt »pelagischen Auftrieb«.[14]

Welche Bedeutung Müllers Konsequenz haben sollte, das ihm bis dahin Unbekannte nicht beiseite zu schieben oder zu »übersehen«, sondern die Bereitschaft zu haben, diese unidentifizierbaren Beimengungen genauer ins Auge zu fassen, wird an einer Bemerkung von V. Hensen deutlich. Hensen beschreibt rückblickend Müllers Beschäftigung mit dieser Beimengung bei seiner Suche nach den einzelnen Larven und Entwicklungsformen der Echinodermata als eine Beschäftigung mit dem »philosophischen Dreck« (Hensen, 1906, S. 365).[15]

Nachdem Müller seit 1853 deutlich geworden war, daß sich in diesem pelagischen Auftrieb spezifische Lebensformen mit eigentümlichen Verhaltensweisen befinden, begann er eine systematische Suche, um diese Meeresorganismen genauer charakterisieren und erfassen zu können. Er identifizierte bei seiner Durchmusterung der Wasserproben Infusorien und verschiedene Radiolarien-Gruppen, Thalassicolla, Polycystinen und Acanthometren[16], die er bei seinen häufigen Reisen an das Mittelmeer identifizierte und genauer zu untersuchen begann.

Einen ersten öffentlichen Bericht über diese neuen Ergebnisse gab er auf der Sitzung der Königlichen Akademie der Wissenschaften zu Berlin am 19. April 1855. Sein Vortrag hatte den Titel: »Sphaerozoum und Thalassicolla«. Er beginnt seinen Vortrag mit folgenden Worten:

> »Vom Meer getragen und herumgetrieben erscheinen gallertartige organische Körper an der Oberfläche desselben, welche Zellen besitzen und Kieselskelette enthalten und so passiv sind, daß der Besitz der Eigenbewegung fehlt oder zumindestens zweifelhaft ist...ungeachtet ihrer großen Verbreitung sind sie doch nur von wenigen Beobachtern gesehen und untersucht und durchaus dunkel und rätselhaft« (Müller, 1855a, S. 229).

Anhand dieses Zitates läßt sich ganz deutlich erkennen, daß Müller die Besonderheit dieser Lebensformen von Anfang an gesehen hat. Seine Bemerkung, daß nur wenige Forscher diese Tiere gesehen haben, verweist darauf, daß wenige deutsche Biologen erst begonnen hatten, sich mit diesen niederen Organismen zu befassen. Franz Julius Ferdinand Meyen (1804 -1840), Professor für

Botanik an der Berliner Universität, und ein anderer Berliner Kollege von Müller, Christian Gottfried Ehrenberg (1795-1876), der dort als a.o. Professor für Theorie, Geschichte und Methodik der Medizin tätig war, hatten wichtige Arbeiten über Infusorien[17] veröffentlicht. Der englische Naturforscher und Freund von Charles Darwin, Thomas Henry Huxley (1825-1895), hatte sich ebenfalls mit Thalassicollen und Sphaerozoen beschäftigt, und Müller stimmte mit Huxleys Beschreibung der Thalassicolla überein.

In den nächsten Jahren bis zu seinem Tod am 28. April 1858 berichtete er mehrmals (Müller, 1855a,b, 1856a,b, 1858, 1859a,b) auf den Versammlungen der Königlichen Akademie zu Berlin über seine neuesten Untersuchungen, und es erschien ein großer Übersichtsartikel zur Geschichte der Kenntnisse über die »Strahlenthierchen« (Müller, 1858).

Ernst Haeckel (1834-1919), Schüler von Müller, setzte nach seinem Tod diese Forschungen fort, allerdings nicht in der Richtung, die Müller auch bei seinen ersten Berichten angedeutet hatte, nämlich neben der Morphologie und Systematik auch der Frage nachzugehen, welche Funktion und Bedeutung diesen Organismen im Meer zuzuschreiben ist. Haeckel selbst wurde mit der Arbeitsmethode des pelagischen Fischens durch Müller im Oktober 1854 bei seinem ersten Aufenthalt auf Helgoland vertraut gemacht (Haeckel, 1921; Hemleben 1964). Von der Welt der Radiolarien, die er bei seinem Forschungsaufenthalt in Messina kennenlernte, war Haeckel so fasziniert, daß er sie zum Gegenstand seiner weiteren Forschungen machte.[18] Allerdings war er nicht bereit, die andere Art und Weise, in welcher der Kieler Forscher Victor Hensen die Untersuchung dieses pelagischen Auftriebes auffaßte, zu akzeptieren. Es kam hierüber zu einem heftigen Streit zwischen Haeckel und Hensen (Porep, 1972).

Um diese Auseinandersetzung zu verstehen, müssen wir uns den Weg ansehen und die Arbeitsmethode, die Hensen für die Erforschung der Welt des Planktons vorgeschlagen hat. Victor Hensen hatte anfänglich fast den gleichen Weg wie Johannes Müller beschritten, bevor er sich intensiv mit der Meeresforschung zu beschäftigen begann. Hensen studierte Medizin, arbeitete erfolgreich an physiologischen und anatomischen Problemen (Porep, 1970; Kölmel & Lohff, 1985) und begann mit immer größeren Interesse, sich der Meeresforschung zuzuwenden. Zeit seines Lebens war er - wie Müller - Professor der Physiologie. Seine Forschungen in der Meeresbiologie betrieb er »nebenbei«. Auch er war durch seine Studien zur Sinnesphysiologie und -anatomie geschult, kleinste Einzelheiten unter dem Mikroskop zu erkennen.

Der entscheidende Unterschied in dem weiteren Weg besteht darin, daß Hensen sich sehr früh mit Kollegen der anderen naturwissenschaftlichen Disziplinen zusammenfand, um spezielle meeresbiologische Fragen zu beantworten.

Sein Ansatz, sich mit dem Plankton zu beschäftigen, ist von einer vollständig anderen Sicht her bestimmt gewesen als bei Müller. Hensen waren diese pelagische Lebensformen bereits als eigenständige biologische Gruppe bekannt. In Schleswig (Schleswig-Holstein) geboren, war er von seiner Kindheit an mit dem

Meer verbunden. Er kannte die Probleme der Fischer, deren Existenz vom Meer abhängig war. So begann er sich darüber Gedanken zu machen, ob es möglich sei, der Gefahr des Überfischens vorzubeugen, damit der für die Fischer lebensnotwendige Bestand der Fischgründe erhalten bleibt. Er hoffte, einen wissenschaftlich begründeten Vorschlag für akzeptable, die Bestände erhaltende Fanggrößen vorlegen zu können. Die kleine Forschergruppe, zusammengesetzt aus dem Physiologen Victor Hensen, dem Zoologen Karl Möbius (1825-1908), dem Physiker Gustav Karsten (1820-1900) und dem "Hobby"-Naturwissenschaftler Heinrich Adolf Meyer (1822-1889) (Kölmel, 1986), begann sich mit den Laichgründen zu beschäftigen, um aus der Häufigkeit von Fischeier im Verhältnis zu den adulten Fischen Grenzwerte zu erhalten. Diese Studien[19] führten Hensen alsbald zu der Erkenntnis, daß nicht nur diese Beziehung zu berücksichtigen sei, sondern daß es auch notwendig wäre, die Nahrungsmöglichkeiten der Fische dabei mit einzubeziehen. So verdichtete sich die primär ökonomische Fragestellung, die von Hensen mit biologischen Fragen verknüpft wurde, immer mehr auf das Problem der Nahrungsgrundlagen im gesamten Meereshaushalt. Ein komplexes Netz von physikalisch, chemischen und biologischen ausgerichteten Problemen entwickelte sich.

Die Kieler Forschungsgruppe konzentrierte sich zunehmend auf diesen »pelagischen Auftrieb«, dessen Bedeutung für den biologischen Haushalt des Meeres (Biomasse und Produktion) immer mehr in den Vordergrund trat. Doch was wußte man über diesen »Auftrieb«, der in den aus dem Meer entnommenen Wasserprobe jedesmal zu finden ist?

Seit Müllers Arbeiten zu dieser neuen Welt biologischer Formen waren die Kenntnisse über die Artenvielfalt des pflanzlichen und tierischen Planktons weiter angewachsen. Ernst Haeckel hat durch seine Untersuchungen zur Kenntnis der Vielfalt dieser Lebensformen beigetragen. Aber über die inneren biologischen Zusammenhänge war noch nicht weiter nachgedacht worden. An diesem Punkt setzten V. Hensens theoretische Überlegungen an. Durch die Zusammenarbeit mit dem Kieler Zoologen Karl Möbius (1825-1908)[20] war Hensen geschult worden, ökologische Fragestellungen, d.h., Fragen nach der Wechselwirkung unterschiedlicher Lebensbereiche und -formen, überhaupt in den Blick zu nehmen (Kölmel, 1981). Nach anfänglichen Probefahrten in die Ost- und Nordsee (1885-1888) wurde die große Planktonexpedition von 1889 geplant, um die vielfältigen Fragen, die sich seit der Beschäftigung mit dem Plankton gestellt hatten, systematisch zu beantworten. Eine der Hauptfragen war, wie das Plankton im Meer verteilt sei und ob es einen Zusammenhang zwischen der Artenvielfalt, der Fischdichte, der Sonneneinstrahlung, den Klimazonen und dem Vorkommen des Planktons gebe.

Der Erfolg dieser ersten - nur einer einzigen Fragestellung gewidmeten- Forschungsexpedition ist bekannt. Mit den reichhaltigen Funden und den berühmt gewordenen Auswertungen der Forschungsergebnisse (Ergebnisse der Plankton-Expedition der Humboldt-Stiftung) war das Thema »Plankton« in allen seinen

Aspekten und Zusammenhängen zu einem eigenständigen Gebiet herangereift. Gleichzeitg wurde auch die Methode, derartige Fragen zu behandeln, durch Hensen und seine Forschungsgruppe festgelegt. Hensen entwicklte Befischungspläne, um systematisch bestimmte Regionen in Länge, Breite und Tiefe nach der Menge des darin enthaltenden Planktons zu untersuchen. Dabei sollte quantitativ die Menge des Planktons in Abhängigkeit von der Tiefe und der geographischen Breite und Länge bestimmt werden. Ebenfalls wurden Wassertemperatur, Salzgehalt Klimafaktoren und Strömungsverhältnisse berücksichtigt. Diese so gewonnenen Werte wurden zueinander in Beziehung gesetzt und mit der Artenvielfalt korreliert. Damit entwickelte Hensen ein biologisch-statistisches Konzept für die Planktonforschung.

Diese Art und Weise, biologische Probleme zu behandeln, stieß auf den heftigen Widerstand des damals hochgeschätzten Forschers Ernst Haeckel. Im Kernpunkt ging es um die Anwendung quantitativer und mathematischer Methoden bei dieser Planktonexpedition. Haeckel, der sich ebenfalls als Planktonforscher verstand, wollte aus der Fülle seiner Kenntnisse, die er in dreißigjähriger Arbeit gewonnen hatte, nicht akzeptieren, daß in kalten Regionen die Planktonhäufigkeit (pro Wasservolumen) größer als in warmen Regionen war. Dieses Ergebnis widersprach den Erwartungen und war nur mittels einer mühseligen, quantitativen Bestimmung zu gewinnen gewesen. Dieser Streit, der zwischen Hensen und Haeckel mit großer Heftigkeit entbrannte (Haeckel, 1890; Hensen 1891), entstand aus der unterschiedlichen Einstellung beider Forscher zur mathematischen Behandlung biologischer Probleme (Porep, 1972). Hensen gehörte mit seiner Auffassung zu der neuen Generation von Physiologen und Biologen, die die naturwissenschaftliche und mathematische Behandlung medizinischer oder biologischer Fragen als eine wichtige und notwendige Methode betrachteten. Haeckel war davon überzeugt, daß die auf die Systematik und Morphologie ausgerichtete Untersuchungsmethode der richtige und angemessene Weg sei, diese biologische Fragestellung zu behandeln. Für die Planktonforschung hat sich die Hensensche Vorgehensweise als die erfolgreichere durchgesetzt. Seit nunmehr 100 Jahren wird die Erforschung dieser Lebenswelt in gleicher Weise betrieben, wenn auch die Methoden verfeinert und der Forschungsaufwand immer größer geworden ist. Es ist dennoch erstaunlich, wie vorausschauend und über einen so langen Zeitraum Hensens Forschungskonzept fruchtbar geblieben ist.

Literatur

Du Bois-Reymond, E., 1887: Gedächtnisrede auf Johannes Müller. In: Ders., Reden, Vol. 2, Leipzig, S. 143-334.

Haberling, W., 1924: Johannes Müller. Das Leben des rheinischen Naturforschers. (Große Männer. Studien zur Biologie des Genies, 9) Leipzig.

Haeckel, E., 1921: Entwicklungsgeschichte einer Jugend. Briefe an die Eltern 1852 -1856. Leipzig.

Haeckel, E., 1890: Plankton-Studien. Jena.

Hemleben, J., 1964: Ernst Haeckel in Selbstzeugnissen und Bilddokumenten. (Rowoldts Monographien, 99) Reinbeck/ Hamburg.

Hensen, V., 1887: Über die Bestimmung des Planktons oder des im Meer treibenden Materials an Pflanzen und Thieren. 5. Bericht der Kommission zu wissenschaftlichen Untersuchung der deutschen Meere in Kiel für die Jahre 1882 -1887. Berlin, S. 1 -107.

Hensen, V., 1891: Die Plankton-Expedition und Haeckels Darwinismus. Über einige Aufgaben und Ziele der beschreibenden Naturwissenschaften. Kiel, Leipzig.

Hensen , V., 1906: Die Biologie des Meeres. Rede am Stiftungsfest des naturwissenschaftlichen Vereins in Kiel. Arch. für Hydrobiol. und Planktonkunde 1, 360 -370.

Koller, G., 1958: Johannes Müller (1801-1858). Das Leben des großen Biologen. (Große Naturforscher, 23) Stuttgart.

Kölmel, R., 1981: Zwischen Universalismus und Empirie. Die Begründung der modernen Ökologie- und Biozönose-Konzeption durch Karl Möbius. Mitteilungen aus dem Zoolog. Museum Kiel 1,7, 17-34.

Kölmel, R., 1986: Victor Hensen als Meeresforscher. Ein Mediziner begründet in Kiel die moderne biologische Meeresforschung. Biologie in unserer Zeit 16, 65 -70.

Kölmel, R. & Lohff, B., 1985: Victor Hensens Wirken an der Christian-Albrechts-Universität. Zum 150jährigen Geburtstag des Kieler Naturforschers, Physiologen und Meeresforschers. Christiana Albertina, NF 21, 45-56.

Müller, J., 1830: De glandularum secernentium structura penitiori. Düsseldorf.

Müller, J., 1842: Microskopische Untersuchungen über den Bau und die Lebenserscheinungen des Branchiostoma lubricum Costa, Amphioxus Lanceolatum Yarell. Physikal. Abh., 1842, 396-411.

Müller, J., 1855a: Über Shpaerozoum und Thalassicolla (gelesen am 19. April 1855 auf der Gesamtsitzung der mathematisch-physikalischen Klasse). Bericht über die zur Bekanntmachung geeigneten Verhandlungen der Köngl. Preuß. Akademie der Wiss. zu Berlin, [Bericht...] 229-253.

Müller, J., 1855b: Über die im Hafen von Messina beobachteten Polycystinen (gelesen am 5. November 1855) Bericht..., 671-676.

Müller, J., 1856a: Einige Beobachtungen über Infusorien (gelesen am 10. Juli 1856). Bericht..., 389-393.

Müller, J., 1856b: Über Thalassicolla, Polycystinen und Acanthometren des Mittelmeeres. Bericht..., 474-503.

Müller, J., 1858: Geschichtliche und kritische Bemerkungen über Zoophythen und Strahlenthiere. Müllers Archiv, 1858, 90-105.

Müller, J., 1859a: Über Thalassicolla, Polycystinen und Acanthometren des Mittelmeeres. Physikalische Abh., 1-62.

Müller, J., 1859b: Über einige neue bei St.Tropez am Mittelmeer beobachtete Polycystinen und Acanthometren (gelesen am 11. Februar 1858) Bericht..., 154-155.

Porep, R., 1970: Der Physiologe und Planktonforscher Victor Hensen (1835-1924). Sein Leben und Werk. Kieler Beiträge zur Geschichte der Medizin und Pharmazie, H. 9) Neumünster.

Porep, R., 1972: Methodenstreit in der Planktologie: Haeckel kontra Hensen. Auseinandersetzungen um die Anwendung quantitativer Methoden in der Meeresbiologie um 1890. Med. Hist. J., 7, 72-83.

Anmerkungen

1. Folgende Arbeiten geben Einblick in das Leben und Werk von Victor Hensen: Porep (1970); Kölmel & Lohff (1985).

2. Plankton ist abgeleitet vom griechischen Begriff πλανκτοσ (planktos) = umherirrend, umhergetrieben

3. Rückblickend betrachtet heißt in diesem Zusammenhang, daß erst der Historiker erkennen kann, wie mit einer inneren Logik dieser Weg beschritten wurde, ohne daß man behaupten könnte, daß Müller dieses Ziel bewußt angestrebt hätte.

4. Die Trennung in Biologen und Mediziner ist bis Mitte des 19. Jahrhunderts im Bereich der theoretischen Arbeit schwer möglich, weil viele Mediziner (speziell Anatomen und Physiologen) auch wichtige Forschungen und Entdeckungen zur Biologie geliefert haben.

5. Müller war bereits von Anfang seiner wissenschaftlichen Laufbahn an mit Problemen befaßt, die intensive mikroskopische Untersuchungen verlangten. Besonders seine Untersuchungen über die Funktion und Struktur der Drüsen (Müller, 1830) sind ein Meisterwerk an mikroskopischen Studien.

6. Zu Müllers Lebensweg, vgl. Haberling (1924), Koller (1958), Du Bois-Reymond (1887).

7. Ganoiden ist der damals gebräuchliche Name für die Ganoidschuppen tragenden Knochen- und Knorpelfische.

8. Als Plagistomen wurden die "normalen" Fische mit waagerechten Mäulern bezeichnet.

9. Über die systematische Stellung der Myxinoiden, der Schleimmaale und Inger, wurde zu Müllers Zeit heftig diskutiert.

10. Zu den Cyclostomen zählen die Inger und die Neunaugen.

11. 1839 sah Müller im Naturhistorischen Museum in London ein Präparat des Amphioxus (Lanzettfischchen) und wollte nicht glauben, daß dieses zu der Gattung der Myxinoiden gehört. Er begann eine genaue anatomische und morphologische Untersuchung dieses Tieres und erkannte bald die wichtige systematische Stellung des Branchiostoma lanceolatum als Vertreter der Schädellosen (Acrania) im System der Chordatiere (Chordata), zu denen auch die mit einem Schädel ausgestatteten Wirbeltiere (Craniota) gehören. Nach einer anfänglichen kurzen Notiz berichtete er im Dezember 1841 ausführlich vor der Königlichen Akademie der Wissenschaften in Berlin (Müller, 1842). Beschrieben worden war dieses Tier bereits im 18. Jahrhundert von Simon Pallas und Yarell.

12. Entwicklungsgeschichte und embryologische Studien waren zu Müllers Zeit noch Teil der Physiologie.

13. Das Müller-Netz hat seinen Namen nach der feinen Gaze, welche die Müller für das Aussieben von Mehl benutzten.

14. Jakob Grimm, der bekannte Philologe, riet Müller, den Begriff "pelagisch" zu wählen, da damit etwas, was mit der offenen See verbunden sei, angedeutet wird.

15. Hensen schreibt in dieser Rede zum Stiftungsfest des Naturwissenschaftlichen Vereins in Kiel: "Der ausgezeichnete Forscher Müller bezeichnete diese Fänge scherzweise 'philosophischen Dreck', weil eben nur Naturphilosophen darin Interessantes schienen finden zu können." Er hebt gleichzeitg aber hervor, daß er (Hensen) es gewesen sei, der die "große allgemeine Bedeutung für das Leben im Meer" erkannt habe (Hensen, 1806, S. 365).

16. Thalasicollen gehören zu den Radiolarien (Strahlentierchen), so wie auch die von Müller beschriebenen Polycystinen unbd Acanthometren. Sphaeorozoen sind eine Radiolarienart.

17. Die Untersuchung der Infusorien (Aufgußtierchen) beschäftigte die Biologen in der ersten Hälfte des 19. Jahrhunderts vor allem deswegen, weil mit dem Nachweis der Existenz von Infusorien in den "Heuaufgüssen" die Urzeugungstheorie widerlegt werden konnte. Es handelt sich dabei meistens um Flagellaten und Wimperntierchen.

18. Vgl. dazu Haeckels Briefe an seine Eltern (Haeckel, 1921). Die Mitarbeit an der Auswertung des Materials der Challenger-Expedition (1872-1876) führte dazu, daß Haeckel 3510 neue Radiolarien-Arten fand und diese Ergebnisse in drei Berichtsbänden der Challenger-Expedition zusammenfaßte (Hemleben, 1964). Die Arbeitsmethode, die er von Müller gelernt hatte, hatte sich als äußerst erfolgreich erwiesen.

19. Zur Erforschung dieser Fragen war 1870 von der Preußischen Regierung eine Kommission zur Erforschung der Deutschen Meere ins Leben gerufen worden, deren Initiatoren Hensen und der Physiker Karsten gewesen waren (Porep, 1970; Kölmel, 1986).

20. Möbius hatte 1877 im Zusammenhang mit seinen Untersuchungen über die Austern und Austernwirtschaft den Begriff "Biozönose" geprägt, der dann von Friedrich Dahl, der ebenfalls an der Auswertung der Planktonexpedition beteiligt gewesen war, auf die terrestrischen Lebensgemeinschaften übertragen und mit dem Begriff "Biotop" (1908) umschrieben wurde.

Anton Dohrn und die Gründung der Biologischen Anstalt Helgoland

Petra Werner

Der erste Vorschlag zur Begründung einer Forschungsstation an der deutschen Nordseeküste stammte von Heinrich Ehlers aus dem Jahre 1876. Obwohl auf der Hamburger Naturforscherversammlung dieselbe Idee geäußert wurde, konnte der Plan erst 1891 verwirklicht werden. Der Hauptgrund für die Verzögerung war der Umstand, daß Helgoland bis 1890 zu Großbritannien gehörte. Außerdem bekämpfte Anton Dohrn, der das Unternehmen als Konkurrenz zur Zoologischen Station Neapel betrachtete, die Stationsgründung in Deutschland. Ab 1890 setzte sich Friedrich Althoff aber mit Hilfe vieler namhafter Wissenschaftler intensiv für die Gründung der BAH ein und stimmte sowohl inhaltliche als auch Personalfragen u.a. mit Anton Dohrn, Victor Hensen und Heinrich Ehlers ab.

Anton Dohrn and the Foundation of the Biologische Anstalt Helgoland. In 1876 Heinrich Ehlers of Goettingen made the first proposal for the foundation of a biological station at the German North Sea coast. Although scientists at the "Naturforscherversammlung" had discussed the same idea, the decision to found the station was not until 1891. The main reason for the delay was the fact that Helgoland belonged to Great Britain until 1890. In addition, the famous founder of the Zoological Station of Naples was fighting against this project, because he judged it competition to his own ambitions in Naples. Friedrich Althoff had worked intensively for the success of the project. To locate good scientists for the new institute he sought the advice of famous scholars such as Anton Dohrn, Victor Hensen, and Heinrich Ehlers.

Bereits 1876 hatte der Göttinger Zoologe Ernst Heinrich Ehlers (1835-1925) »Die Begründung einer kleinen zoologischen Beobachtungs- und Untersuchungsstation an der deutschen Nordseeküste« vorgeschlagen. Im selben Jahr fand der Vorschlag breite Zustimmung deutscher Biologen. Dennoch vergingen bis zur Realisierung des Planes fünfzehn Jahre.

Die Gründe für die Verzögerung sind vielfältige, vor allem spielte wohl eine Rolle, daß der nach Meinung nahezu aller Biologen am besten geeignete Ort, die Insel Helgoland, bis 1890 zur britischen Krone gehörte. Aber auch Streitigkeiten, über das ob und wie der Station, an denen Anton Dohrn (1840-1909) nicht unwesentlich Anteil hatte, schoben das Vorhaben hinaus. Als Ort hatte Ehlers Norderney in Betracht gezogen, dachte auch an Helgoland, verwarf aber diesen Gedanken wieder, da Helgoland zu England gehörte. Ehlers hatte auch Vorstellungen über die verwaltungsmäßige Anbindung der Neugründung. Ihm schwebte vor, die Station »als eine außerhalb des Universitätsverbandes stehende Filiale des Göttinger zoologisch-anatomischen Instituts« anzusehen. Damit sollte die Station unter seiner Leitung stehen.[1]

Sein erstmals am 28.7.1876 schriftlich an Kultusminister Adalbert Falk (1827-1900) geäußerter Vorschlag wurde zunächst nicht öffentlich diskutiert. Aber bereits mehrere Monate, nachdem Ehlers sich mit seinem Vorschlag an das Kultusministerium gewandt hatte, äußerte Robby August Kossmann (Heidelberg) (1848-1907) auf der Hamburger Naturforscherversammlung im Herbst 1876 die gleiche Idee. Ehlers betrachtete den Vorstoß Kossmanns als Unterstützung seines Anliegens. Auch andere Perönlichkeiten setzten sich für diese Idee ein, darunter Wilhelm von Freeden (1822-1894). Auf der Sitzung der Section für Zoologie und vergleichende Anatomie, die am 23. September unter Leitung von Karl August Möbius (1825-1908) abgehalten wurde, fand die Idee breites Interesse und Unterstützung. Alexander Pagenstecher (1825-1889) berichtete im Auftrage der Kommission, die einen Tag vorher gewählt worden war, um über den Antrag seines Mitarbeiters Kossmanns zur Gründung einer zoologischen Station auf Helgoland zu beraten. Auf der Sitzung wurde der Vorschlag der Kommission verabschiedet.

> »Die bei dieser Gelegenheit versammelten Naturforscher wollen die Einrichtung zoologisch-botanischer Arbeitsstationen in Kiel und Helgoland für die deutsche Wissenschaft notwendig erklären.«[2]

Das Ergebnis wurde als »Entwurf zur Errichtung zoologisch-botanischer Stationen an deutschen Meeren« veröffentlicht. Die Begründung stellt eine geschickte Verknüpfung von wissenschaftlichen und volkswirtschaftlichen Gründen dar, getragen vom "vaterländischen Willen", nicht zurückstehen zu wollen hinter anderen Nationen. Unter den weiteren Argumenten dafür, daß Deutschland auch eine eigene Meeresstation brauche, wurden die »problematischen klimatischen und gesundheitlichen Verhältnisse in Neapel während eines Teils des Jahres« angeführt. Die ausführliche Diskussion endete mit einem Beschluß.

Dieser Vorstoß führender deutscher Zoologen und Botaniker wurde in wissenschaftlichen Kreisen durchaus zwiespältig aufgenommen. Vor allem Anton Dohrn, der Gründer der Zoologischen Station Neapel, fürchtete Konkurrenz für seine unter großem persönlichen Einsatz gegründete Meeresstation. Sie war zwar eine Privatstiftung und wurde mittels Tischmieten finanziert, aber der preußische Staat unterstützte die Institution. Zwar hatten die Antragsteller versichert, daß man die hohe Bedeutung und Leistungsfähigkeit der Neapler Station anerkenne und sie weit davon entfernt seien, dieser schönen Anstalt ihre moralische Unterstützung und etwa dadurch die derselben gewährten Hilfen schmälern zu wollen, aber mit Verärgerung hatte Dohrn registriert, daß man immerhin die gesundheitlichen und klimatischen Verhältnisse in Neapel kritisiert hatte. In diesem Sinne äußerte sich Dohrn in einem persönlichen Brief an einen Freund, den englischen Schriftsteller Charles Grant. Noch mehr aber als die Bemerkungen über das Klima störte ihn der Antrag, die künftige Station mit einer einmaligen staatlichen Unterstützung in Höhe von 100.000 M zu fördern und überdies noch mit jährlich 20.000 M zu stützen. Hier sah Dohrn seine Anträge auf Subventionierung seiner Einrichtung gefährdet.

Dohrn machte gegenüber Freunden und seiner Ehefrau kein Hehl daraus, daß er gewillt war, die Bemühungen um die Gründung einer Helgoländer Station zu torpedieren. Grant gegenüber kündigte er an:

> »in wissenschaftlichen Kreisen eine Gegenströmung hervorzurufen (zu) suchen und dadurch wenigstens die vorbereitenden Schritte des Committees zu verzögern.« (Heuss, 1962; S. 417)

Er behauptete, daß auch andere Wissenschaftler den auf der Naturforscherversammlung vorgetragenen Plan kritisch beurteilten. So schrieb Francis Balfour (1851-1882) für die »Nature« einen absprechenden Artikel. Auch Victor Hensen (1835-1924) habe sich nach Dohrns Aussagen negativ geäußert, indem er das Vorhaben schädlich und töricht genannt haben soll.

Die Diskussionen um die Stationsgründung wurden aber auch von persönlichen Auseinandersetzungen beeinträchtigt, in die Befürworter und Ablehner der Stationsgründung verwickelt waren. Insbesondere Kossmann, der das Projekt in Vorschlag gebracht hatte, war mit Dohrn verfeindet; denn er machte Dohrn die Ansprüche auf Lösung des Rhinocephalen-Problems streitig (Kossmann, 1875). Was Kossmann anging, so bemerkte Dohrn in einem Brief an seine Ehefrau, daß er dem Helgoland-Kiel-Projekt ein Bein nach dem anderen stelle, es sowohl in Potsdam beim Kronprinzen denunziert habe als auch im Unterrichtsministerium und bei Reichstagsabgeordneten. Er ließ keinen Zweifel daran, daß sich seine Aktionen auch gegen Kossmann persönlich richteten:

> »Freund Kossmann soll merken, daß es noch Instanzen gibt, die sich dreimal besinnen, ehe sie seine Projecte unterschreiben. Es ist vortrefflich, daß diese beiden (Justus Roth und Emil du Bois-Reymond) die Ursache der Kossmannschen Feindseligkeiten kennen, also von vornherein den Zusammenhang begreifen, in dem die Helgoland-Station damit steht.«[3]

Die Bemühungen um die Stationsgründung waren aber nicht aufzuhalten. Ehlers, der bereits vor allen öffentlichen Diskussionen von Falk damit beauftragt worden war, an verschiedenen in Frage kommenden Orten die Gegebenheiten für den Aufbau einer Station zu prüfen, legte im Oktober 1876 dem Ministerium einen detaillierten Bericht vor, in dem er Küstenorte auf ihre Eignung hin beschrieb. Er äußerte sich vor allem über Norderney und Borkum, berichtete eingehend über bauliche Möglichkeiten, hatte sogar die Unterstützung durch ansässige Fischer geprüft, äußerte schließlich genaue Pläne, wie das Institut aussehen sollte, wie man sich die Arbeit dachte, was für Personal eingestellt werden könnte usw. Dem Vorschlag legte er eine akribische Auflistung des Grundbedarfs an Chemikalien und Geräten bei. Er favorisierte Norderney und machte gegen Helgoland geltend, daß es zur britischen Krone gehörte und außerhalb der Badesaison schlecht erreichbar sei.[4] Von Seiten des preußischen Staatsapparates ruhte das Helgoland-Projekt, solange die Insel zu Großbritannien gehörte, und die Akten wurden geschlossen.

Mit der Angliederung Helgolands an Deutschland 1890 fiel dieser Haupteinwand weg, und die Voraussetzungen waren geschaffen, den Gründungsplan der Biologischen Station auf Helgoland neu zu beleben. Alle Vorschläge der Wissenschaftler wurden noch einmal dem Kultusminister vorgelegt, und S.M der Kaiser wurde darauf hingewiesen, daß der Neuerwerb Helgolands auch von großer wissenschaftlicher Bedeutung sei, was vom Civilcabinett mit Interesse zur Kenntnis genommen wurde.

Darüber, wie man am wirksamsten vorzugehen habe, um die Stationsgründung staatlicherseits zu fördern, gab es unterschiedliche Vorstellungen. So erwog Ernst Ehlers die Einreichung einer sogenannten Immediateingabe an den Kaiser. Otto Bütschli (1848-1920) hingegen hielt es für besser, sich an den Reichskanzler zu wenden. Rudolf Leuckart (1822-1898) wiederum wußte, daß Bismarck mit der Angelegenheit verschont bleiben möchte... Trotzdem kam sie zustande, blieb aber unbeantwortet (Geus & Querner, 1990). Der Botaniker Nathanael Pringsheim (1823-1894) und der Zoologe Franz Eilhard Schulze (1840-1917) ergriffen zusammen mit Oscar Hertwig (149-1922) die Initiative und stellten bei der Königlich Preußischen Akademie der Wissenschaften den Antrag auf Erstellung eines Gutachtens über die Errichtung einer biologischen Station auf Helgoland. Die Akademie verabschiedete in einer gemeinsamen Sitzung der physikalisch-mathematischen und der philosophischen Klasse eine zustimmende Stellungnahme, in der die geplante Gründung einer biologischen Station an »unseren deutschen Meeren« ausdrücklich begrüßt wurde. Diese offizielle Stellungnahme wurde flankiert durch persönliche Zustimmungserklärungen an das Kultusministerium, darunter von Franz Eilhard Schulze. Auch Nathanel Pringsheim engagierte sich, schrieb an Friedrich Althoff (1839-1908) und begründete noch einmal das Anliegen. Außerdem versammelte Pringsheim Wissenschaftler, die sich für die Stationsgründung einsetzten, und rief am 16. Juli 1890 eine Kommission zur Vorbereitung der Stationsgründung ins Leben. Diese Kommission, bestehend aus vier, wie es hieß, in Berlin ansässigen Wissenschaftlern, sollte das Vorhaben betreiben. Es sollten aber auch auswärtige Gelehrte hinzugezogen werden, vorgeschlagen wurden Hensen, Ehlers, Leuckart, Bütschli und Hertwig.[5]

Am 13. und 26. Juni 1891 fanden im Kultusministerium in Berlin Sitzungen statt, auf denen die Gründung der biologischen Station auf Helgoland besprochen werden sollte. Daran nahmen u.a. teil: Pringsheim, Schulze, Möbius, Hensen, Friedrich Heincke (1852-1929), Otto Hermes (1838-1910). Die Regierung war durch Althoff und Regierungsassessor Schmidt vom Kultusministerium vertreten. Hauptanliegen war die Klärung der von Dohrn aufgeworfenen Frage, ob man schon jetzt zur Stationsgründung übergehen sollte oder ob es weiterer Erhebungen bedürfe. Dohrn war mit dem deutschen Botschafter in Italien (1873-87), Robert von Keudell (1824-1903), gut bekannt, und dieser wiederum hatte Friedrich Althoff ausdrücklich gebeten, auf Dohrns Erfahrungen als erster Stationsgründer nicht zu verzichten und sich mit ihm hinsichtlich der Größe der Station, ihrer Finanzierung und der personellen Besetzung zu beraten.

Daraufhin hatte sich ein intensiver Briefwechsel zwischen Anton Dohrn und Friedrich Althoff ergeben. Althoff, der sich auch für die Meeresforschung interessierte, hatte es zu seinem persönlichen Anliegen gemacht, sich um die Stationsgründung Helgoland zu kümmern. Dohrn, der 1876 geglaubt hatte, Helgoland sei zunächst beseitigt, wie er sich ausdrückte, wußte, daß man auf seine Hilfe angewiesen war. Dies hatte, wie er an seine Frau schrieb, Senator Versmann geleistet, ein Hauptdiplomat und sein Freund.[6] Dieser Freund war vermutlich Keudell. Von Althoff über seine Meinung befragt, äußerte er sich aber sehr zurückhaltend und räumte ein, zu einem Gutachten nicht in der Lage zu sein, da er nicht wisse, welche Funktion die künftige Einrichtung haben solle. So wisse er nicht, ob sie ausschließlich Forschungszwecken dienen solle oder auch der Ausbildung. Er nutzte die Gelegenheit, seine prinzipiellen Bedenken gegen das Helgoländer Projekt zu wiederholen und Einwände geltend zu machen:

> »... im allgemeinen kann ich nur eurer Excellenz Aufmerksamkeit auf den Umstand richten, daß die Fauna von Helgoland nicht gerade mannigfaltig, die Rohmaterialbeschaffung aber durch tägliches Fischen der häufigen Stürme halber sehr erschwert ist. Beides zusammen läßt es angezeigt erscheinen, in der Anlage der projektierten Station mäßige Dimensionen nicht zu überschreiten.« [7]

Dohrn hatte den Vorschlag gemacht, einen kenntnisreichen jungen Biologen damit zu beauftragen, ab Frühjahr 1891 Beschaffungsmöglichkeiten lebenden Materials auf Helgoland zu prüfen, quantitative Ermittlungen anzustellen und auch über die Witterung und den Zustand des Meeres täglich Buch zu führen. In 1 1/2 Jahren, so Dohrns Schätzung, würden genügend Daten zur Verfügung stehen.

Dohrns Verzögerungstaktik griff aber nicht. Bei der Besprechung im Ministerium, die wenige Monate später stattfand, verneinten alle Anwesenden die Notwendigkeit weiterer Erhebungen und wiederholten ihre Überzeugung, daß Helgoland in bezug auf Flora und Fauna zu den bedeutendsten Meeresplätzen gehöre.[8] Man einigte sich darüber, daß die Gründung eines provisorischen Instituts zum 1. April 1891 in Angriff genommen werden sollte. Es sollte gleichzeitig wissenschaftliche wie praktische Ziele verfolgen. Finanzierungsfragen, z.B. das Problem, inwieweit Preußen und das Reich zu beteiligen seien, wurden zurückgestellt.

Obwohl die Mittel noch nicht bestätigt waren und man noch über den Ankauf eines geeigneten Gebäudes verhandelte, wurden schon Personalfragen erörtert. Im April 1891 äußerte Dohrn seine Meinung. Er schrieb an Althoff, daß es seiner Meinung nach in erster Linie auf das Vollgewicht der Persönlichkeit ankäme, die sich sowohl in organisatorischer wie auch in wissenschaftlicher Hinsicht gleichermaßen im Sattel fühlen müßte. Er erinnerte an die schlechten Erfahrungen der Station in Plymouth, wo zwar ein vorzüglich eingerichtetes Gebäude vorhanden gewesen sei, für den Anfang auch genügend Mittel, aber binnen drei Jahren schon der vierte Direktor eingesetzt werden mußte. Dohrn spitzte zu, der Mann sei wichtiger als das Gebäude. Weitsichtig machte er auch auf die Probleme aufmerksam, die sich für die spätere Arbeit als wesentlich erweisen würden:

> »Die Existenz auf Helgoland, so angenehm sie während einiger Sommermonate sein mag, doch für den größeren Teil des Jahres eine recht einsame ist, und wohl kaum von jedermann ausgehalten werden dürfte. Manch einer, der sich vielleicht für die neue Stellung sonst für geeignet erweisen könnte, hält vielleicht dieses Abgeschlossensein von der übrigen Welt nicht aus und erleidet Einbuße an seiner natürlichen Leistungskraft. Der geborene Einsiedler wiederum ist schwerlich ein richtiger Mann für solch Institut.« [9]

Für den Posten des Direktors der zu gründenden Anstalt wurden mehrere Kandidaten diskutiert und auch hier war Dohrns Rat erbeten. Die Frage des Direktorpostens war eng verknüpft mit der Forschungskonzeption bzw. Ausrichtung der Station. Spitzenkandidat war Friedrich Heincke (1852-1929). Er wurde von Victor Hensen mit Nachdruck vorgeschlagen. Er bekannte, ihn »ganz gern zu haben«, er sei ohne Zweifel der gegebene wissenschaftliche Repräsentant für die Fischereiinteressen der Station und habe durchaus wissenschaftlichen Sinn. Er kannte seine Veröffentlichungen genau und schätzte seine Arbeiten über den Hering, die auf statistischen Messungen fußten. Er kannte Heincke auch aus gemeinsamer Arbeit. Er hatte den jungen Biologen 1885 zu einer zehntägigen Fahrt mit der »Holsatia« eingeladen, die zur Erprobung der Hensenschen Planktonmethode diente. Hensen stellte dem jungen Heincke auch charakterlich ein gutes Zeugnis aus und bescheinigte ihm Bescheidenheit. Offen gegen Heincke sprach sich nur Ehlers aus, der befürchtete, daß mit der Person Heinckes eine Tendenz erkennbar werde, die »deutsche biologische Station nur unter der Flagge der Nützlichkeit segeln zu lassen.« [10]

Ehlers schwebte offenbar ein kulturvoller Weltmann vom Schlage Anton Dohrns vor, außerdem hielt er es für gut, einen Mann auszuwählen, der den Stationsbetrieb gut kenne. Ob er dabei an seinen Schwiegersohn Clemens Hartlaub (1858-1928) dachte, dessen vielfältige Ausbildung und langjährige Tätigkeit auf anderen Stationen am Mittelmeer und an der französischen Küste er hervorhob, bleibt offen. Dohrn wiederum äußerte sich sehr diplomatisch. Er betonte gegenüber Althoff, daß er die Verbindung von Hochseefischerei und wissenschaftlichem Laboratorium nicht nur für nicht schädlich halte, sondern gar für sehr nützlich. Er äußerte sich nicht direkt ablehnend über Heincke, sondern machte Bedenken seiner Mitarbeiter geltend, die angeblich in Heincke nicht den geeigneten Bewerber sähen. Diese - offensichtlich auch von anderen Zoologen befürchtete - Einschränkung der Station auf Fischerei-Interessen, ließ Althoff immer wieder die Frage der Besetzung des Direktorenpostens überdenken. Noch im April 1891 schrieb er an Dohrn, daß er sich in dieser prinzipiellen Frage noch nicht ganz schlüssig sei. Althoff erwog, Dohrns Mitarbeiter Hugo Eisig (1847-1920) zu bitten, sich in Gemeinschaft mit Heincke an den Vorarbeiten zu beteiligen.[11]

Hugo Eisig war ein ernsthafter Gegenkandidat für Heincke. Der Vorschlag, ihm die Leitung der neuen Station zu übertragen, stammte vermutlich von Dohrn, der seinem Mitarbeiter einen solchen Aufstieg wünschte. Ob er noch andere Ziele verfolgte, z.B. einen gewissen Einfluß oder Kontrolle in Helgoland zu gewinnen, bleibt offen. Dohrn mußte jedoch gegenüber Althoff einräumen, daß Eisig genaue Erörterungen darüber wünsche, welche Chancen ihm die neue Stellung eröffne, wie das Gehalt aussähe und ob Pensionsansprüche beständen. Vor allem interessiere ihn jedoch, ob er sich nur im Sommer, oder etwa auch im Winter auf Helgoland aufhalten müsse.[12] Diese Fragen waren in Preußen ungewöhnlich, man erwartete den Typ eines anspruchslosen Aktivisten, einer charismatischen Persönlichkeit, die ihre ganze Kraft einsetzte und nicht nach persönlichen Vorteilen fragte.

Dennoch nahm Althoff die Anfragen ernst und konsultierte Victor Hensen wegen Eisig. Hensen nahm in einem Schreiben ausführlich zu Eisig Stellung. Zwar lobte er Eisigs fachliche Qualifikation und erwähnte einige Arbeiten, meldete jedoch Zweifel darüber an, daß Eisig die nötige Energie und Gewandheit habe, welche die Stellung bei der werdenden Station erfordere. Auch werde er sich wohl seines Erachtens nie für Helgoland begeistern können, nachdem er so lange in dem viel reicheren Neapel gewesen sei. Dies, so die Einschätzung Hensens, ginge tatsächlich über menschliche Kräfte.[13]

Hensen brachte in bezug auf Eisig noch einen anderen Gesichtspunkt in die Diskussion, die Konfession. Es war i.A. zu dieser Zeit unüblich, sich zur politischen und weltanschaulichen Überzeugung zu äußern, Hensen bemerkte jedoch wie im Nebensatz, daß Eisig wohl aus Palästina eingewandert sei, was aber zweifelhaft wäre. Damit war die Frage der Konfession angeschnitten. Ob sie im Falle der Biologischen Anstalt Helgoland eine Rolle spielte, dafür gibt es nur indirekte Belege. Zwar stand Juden nach der Revolution von 1848 formal die Laufbahn im öffentlichen Dienst offen, aber bis nach der Novemberrevolution 1918 war es in Preußen unüblich, Juden leitende Funktionen zu übertragen. Daß es im Falle Eisigs zumindestens Diskussionen in der Richtung gab, belegt die Antwort Anton Dohrns an Friedrich Althoff:

> »Es tut mir leid, daß Eisig als Jude ausgeschlossen ist und ich kann meinerseits nur sagen, daß ich keinen Juden kenne, der weniger spezifisch Jüdisches an sich hat als Eisig, so sehr ist das der Fall, daß die wenigsten wissen, daß er Jude ist.« [14]

Althoff nahm daraufhin in einem als vertraulich gekennzeichneten Brief an Dohrn ausführlich zu dem Problem Stellung. Er räumte ein, daß Essig wohl sehr geeignet sei, es aber schwer werden dürfte, seine finanziellen Wünsche zu erfüllen und dazu noch einen Assistenten einzustellen. Bisher sei man gezwungen, alles aus allgemeinen Fonds zu nehmen, da augenblicklich noch keine Mittel für die Station zur Verfügung ständen. Zur Frage der Konfession äußerte sich Althoff sehr zurückhaltend:

> »Außerdem scheint noch, wie ich höchst vertraulich bemerke, ein anderes Bedenken gegen Eisig zu sprechen. Helgoland ist ganz evangelisch und es würde dort sehr unangenehm empfunden werden, wenn wir einen Andersgläubigen importieren wollten. Herr Eisig ist aber, wie mir auch von Excellenz von Keudell gesagt wurde, Jude. Daß es sich bei diesen Bedenken nicht um Antisemitismus handelt, brauche ich nicht zu sagen.« [15]

Beide Gutachter, sowohl Hensen als auch Dohrn, machten Kompromißvorschläge. Hensen regte an, den Dirigenten öfter zu wechseln, denn man könne, so drückte er es aus, ja nicht ewig auf Helgoland sitzen. Anton Dohrn schlug vor, zunächst mehrere Probeanstellungen vorzunehmen und sich dann später zu entscheiden.

Dohrn faßte die Entscheidungen Althoffs als persönlichen Sieg auf. Seiner Frau berichtete er in einem Brief vom 9. September 1891, daß Althoff ihn aufgesucht habe und sie über Helgoland gesprochen hätten. Nicht ohne Genugtuung vermerkte Dohrn, daß sie sich strikt an seine Vorschläge gehalten hätten und daß die Sache zunächst sehr bescheiden würde...[16]

Bezüglich der Direktion hatte sich Althoff zunächst für eine kommissarische Leitung entschieden. Er schlug Heincke für das Amt vor. Er gehörte für ihn zu den sympathischen Lehrern, von denen er, so sein Biograph Sachse, gesagt haben soll, daß er sie deshalb so schätze, weil sie sich nie um persönlicher Vorteile wegen an ihn gewandt hätten (Sachse, 1928). Am 1. Juli 1891 entschied sich Heincke endgültig, das Angebot des Direktorenpostens der neuzugründenden Biologischen Anstalt Helgoland anzunehmen. Er teilte Althoff mit, daß seine Entscheidung getroffen sei und »ja« laute. Wenn er noch eine Weile gezögert habe, dann nur deshalb, weil er zunächst gezweifelt habe, ob er genug Kraft besitze, die Sache durchzuführen zum Wohle der Wissenschaft.[17] Mit Wirkung vom 1.4.1892 wurde Heincke als kommissarischer Direktor der Station eingestellt, außerdem zwei Kustoden, Ernst Ehrenbaum (1861-1942) und Clemens Hartlaub. Die Station blieb also zunächst sehr klein, wie es Dohrn gehofft hatte. Auch das künftige Anstaltsgebäude war zunächst bescheiden. Es wurden mit dem Polizeirat a.D. Paul J. Potter Gespräche eingeleitet, die Friedrich Heincke in enger Abstimmung mit Althoff führte. Am 29. April 1892 waren die Verhandlungen über das Pottersche Grundstück so weit gediehen, daß ein Vertragsentwurf aufgesetzt werden konnte. Den neuen Besitzern wurde erlaubt, mit den Bauarbeiten zu beginnen. Zur Vertragsunterzeichnung kam es offiziell erst am 31. Mai 1892. Der Kaufpreis betrug 55.000 M. Als Datum der Stationsgründung könnte somit der 31.5.1892 angesehen werden. Das bescheidende Ausmaß der ersten Station war der Anfang. Alle Direktoren, darunter auch Heincke, waren mit Erfolg bestrebt, die Anstalt zu vergrößern und zu erweitern. Anton Dohrn erlebte diesen Prozeß nicht mehr, er verstarb 1909.

Danksagung

Ich danke Frau Christiane Groeben (Anton-Dohrn-Archiv, Neapel) dafür, daß Sie mir die Zitate aus den Briefen zur Verfügung gestellt hat.

Literatur

Geuss, A. & H. Querner, 1990, Deutsche Zoologische Gesellschaft 1890-1990, Dokumentation und Geschichte, Stuttgart, New York, S. 22,
Heuss, Th., 1962, Anton Dohrn in Neapel, Tübingen, S. 417,
Kossmann, R., 1875, Die Ansprüche des Herrn Dohrn auf Lösung des Rhinocephalen-Problems, Arbeiten des Zoologisch-Anatomischen Instituts in Würzburg, Bd. 2, S. 511,
Sachse, A., 1928, Friedrich Althoff und sein Werk, Berlin, S. 48,

Urkundliche Quellen

SPK = Geheimes Staatsarchiv, Stiftung Preußischer Kulturbesitz, Dienststelle Merseburg, Preußisches Kultusministerium
Rep. 76 Vc Sekt. 1, Tit. XI, Generalia, Wissenschaftssachen, wiss. Sachen
- Nr. 10: Die Biologische Anstalt auf Helgoland Bd. 1 (1890-92)
- Nr.10a: Die Beamten der Biologischen Anstalt Helgoland Bd. 1 (1891-97)
- Nr. 11: Die Vorschläge zur Stiftung biologisch-zoologischer Stationen, Juli 1876-79

Rep. 92 Nachlaß Althoff AI, 211b, Biologische Anstalt auf Helgoland
B 64

ZSN = Zoologische Station Neapel

1. E.H. Ehlers an Kultusminister v. 28.6.1876. SPK, Rep. 76: Nr. 11.
2. Protokoll über die Sitzung der Sektion für Zoologie und vergleichende Anatomie v. 23.9.1876, Naturforscherversammlung Hamburg, Anlage zum Brief v. Ehlers. SPK, Rep. 76: Nr. 11.
3. A. Dohrn an seine Frau v. 15.10.1876. Archiv ZSN, Bd. 45.
4. E.H. Ehlers an Kultusminister v. 12.10.1876. SPK, Rep. 76: Nr.11, Bl. 15.
5. Erklärung über die Notwendigkeit, ein Kuratorium zur Stationsgründung ins Leben zu rufen, unterzeichnet von Pringsheim, v. Friedrich, Hartlaub, Althoff v. 27.5.1891. SPK, Rep. 76: Nr. 10, Bl. 183.
6. s. 3.
7. A. Dohrn an Kultusminister v. 11.2.1891. SPK, Rep. 76: Nr. 10, Bl. 187.
8. Protokoll v. 27.6.1891. SPK, Rep. 92: Bl. 1.
9. A. Dohrn an F. Althoff v. 7.4.1891, SPK, Rep. 76: Nr. 10a, Bl. 10.
10. E.H. Ehlers an F. Althoff v. 11.4.1891. SPK, Rep. 76: Nr. 10a, Bl. 6.
11. F. Althoff an A. Dohrn v. 3.4.1891. SPK, Rep. 92: Bl.1.
12. A. Dohrn an F. Althoff v. 24.3.1891. SPK, Rep. 76: Nr. 10a, Bl. 9.
13. V. Hensen an F. Althoff v. 6.4.1891. SPK, Rep. 76: Nr. 10a, Bl. 1.
14. A. Dohrn an F. Althoff v. 7.4.1891. SPK, Rep. 76: Nr. 10a, Bl. 10.
15. F. Althoff an A. Dohrn v. 3.4.1891. SPK, Rep. 92: Bl. 1.
16. A. Dohrn an seine Frau v. 19.9.1891. Archiv ZSN, Bd. 733.
17. F. Heincke an F. Althoff v. 1.7.1891. SPK, B 64: Bd. 3, Bl. 32.

Die erste deutsche Südpolarexpedition und die Flottenpolitik unter Kaiser Wilhelm II.

Cornelia Lüdecke

In seiner Habilitationsrede sprach Erich von Drygalski 1898 über die Forschungsaufgaben am Südpol. Er betonte die Bedeutung einer deutschen Südpolarexpedition im Zusammenhang mit dem Wachsen der deutschen Seegeltung.

Schon 1895 hatte sich eine Deutsche Kommission für Südpolarforschung unter der Leitung von Georg von Neumayer gebildet, um eine Expedition in die Wege zu leiten. Neumayer behinderte allerdings die Realisation der ersten deutschen Südpolarexpedition, weil er aus Sicherheitsgründen auf einer Beteiligung von zwei Schiffen beharrte.

Erst nach der Wahl Drygalskis zum Expeditionsleiter begannen die konkreten Vorbereitungen. Nachdem das erste Flottengesetz im Reichstag akzeptiert war, beteiligten sich das Reichsmarineamt unter Tirpitz und das Reichsamt des Innern unter Posadowsky. Tirpitz schlug eine private Expedition mit einem Schiff vor, die vom Reich unterstützt werden sollte, aber das Risiko selbst zu tragen hätte. Das Reichsmarineamt leitete den Bau des ersten deutschen Forschungsschiffs (GAUSS).

Nachdem die deutsche Expedition finanziell gesichert war, wurde in England die Expedition unter der Leitung von R.F. Scott ausgerüstet, da England seine führende Stellung in der Südpolarforschung nicht gefährden wollte. Vor dem Hintergrund der politischen Rivalitäten wurden auf dem 7. Internationalen Geographentag in Berlin die Arbeitsgebiete der beiden Expeditionen aufgeteilt. Außerdem vereinbarte man eine wissenschaftliche Zusammenarbeit im Rahmen einer »Internationalen Kooperation« (1901-1903), während der die Expeditionen gleichzeitige meteorologische und erdmagnetische Arbeiten durchführen sollten.

Im Verlauf der Expedition fror die GAUSS im Packeis vor der antarktischen Küste ein, weshalb die geplante Beobachtungsstation nicht auf dem Festland errichtet werden konnte. Ersatzweise wurde ein ausführliches Stationsprogramm vom Schiff aus durchgeführt und das entdeckte »Kaiser-Wilhelm-II Land« mit Hundeschlitten erforscht. Nach der Überwinterung wurde die Expedition vom Reichsministerium des Innern offiziell wegen Fondserschöpfung zurückgerufen.

Hierbei war das Nichterreichen hoher südlicher Breiten - Scott hatte während seiner ersten Expedition 82°17'S erreicht - ausschlaggebend. Nach der Rückkehr wurde die GAUSS mit Tirpitz' Zustimmung verkauft. Damit wurde die weitere Förderung der Südpolarforschung u.a. wegen des ausgebliebenen spektakulären Erfolges eingestellt.

The first German south polar expedition and the navy politics under Kaiser Wilhelm II. In 1898 during the speech at his habilitation, Erich von Drygalski talked on the task of research at the South Pole. He stressed the importance of a German South Polar expedition in the context of the initial stages of the German naval prestige.

In 1895, a Commission of South Polar Research had already formed unter the leadership of Georg von Neumayer for planning an expedition, but Neumayer hindered the realization of the first German south polar expedition, because he insisted on two ships for security.

Only after Drygalski was nominated expedition leader did the concrete preparations start. After the First Naval Law was accepted at the Reichstag, the Reich Admirality with Tirpitz and the Interior Ministery joined the preparations. Tirpitz proposed a private expedition consisting of one ship, which should be supported by the German Empire, but which should sail at her own risk. The Reich Admirality controlled the building of the first German research vessel (GAUSS).

When the finances of the German expedition were secured, England supported an expedition under the leadership of R.F. Scott, because England didn't want to endanger her leading position in South Polar research. Against the background of political rivalry, the fields of work of both expeditions were parceled out at the 7th International Geographical Congress in Berlin. Besides this, a scientific collaboration was settled within an »International Cooperation« (1901-1903), during which the expeditions should carry through meteorological and magnetic measurements at the same time.

In the course of the expedition, the GAUSS froze in the pack ice in front of the Antarctic coast, so the planned observation station could not be established on the continent. As compensation, a detailed observing programme was carried through from the ship and the discovered »Kaiser-Wilhelm-II Land« was investigated by dog sledges. After the overwintering, the expedition was called back by the Interior Ministery because the funds were running out.

The failure to reach high latitudes decided the matter, whereas Scott had reached 82°17'S during his first expedition. After return the GAUSS was sold with the agreement of Tirpitz. The lack of a spectacular success meant the cessation of further support for south polar research.

1. Einleitung

Der Geograph Erich von Drygalski (1865-1949) war um die Jahrhundertwende neben Georg von Neumayer, dem damaligen Direktor der Deutschen Seewarte, der bedeutendste Protagonist der deutschen Südpolarforschung. Er hatte bei Ferdinand Frhr. von Richthofen (1833-1905) mit einer geophysikalischen Arbeit promoviert (Drygalski, 1887) und leitete 1891 und 1892-93 eine Vor- und Hauptexpedition der Gesellschaft für Erdkunde zu Berlin nach Westgrönland, um glazialphysikalische Untersuchungen durchzuführen (Drygalski, 1897). Hiermit qualifizierte er sich für die Leitung der ersten deutschen Antarktisexpedition. Die Entstehung dieser Expedition vor dem Hintergrund der Flottenpolitik unter Kaiser Wilhelms II. und ihre Wertung im internationalen Zusammenhang ist Thema dieser Abhandlung.

2. Politischer Hintergrund der Flottengesetze

Der Rückgang der Sterblichkeit führte seit Mitte des vorigen Jahrhunderts zu einer raschen Zunahme der Bevölkerung, so daß sie bald nicht mehr vollständig aus der eigenen Nahrungsmittelproduktion ernährt werden konnte. Der dadurch notwendig gewordene Import belastete zunehmend die Handelsbilanz, so daß der Export heimischer Güter forciert wurde und sich die Handelsflotte dementsprechend vergrößerte. Von 1870 bis zum Ausbruch des ersten Weltkrieges galt Deutschland als zweite Handelsmacht neben England. Die 1895 einsetzende Hochkonjunktur in der deutschen Industrie führte zum Überholen der englischen Industrieproduktion im Jahr 1910 (Kuczynski, 1989), wobei um die Jahrhundertwende etwa 90 % des Reichshaushaltes für die mächtige Rüstungsindustrie ausgegebenen wurde (Witt, 1970). Durch den vermehrten Außenhandel beteiligte sich Deutschland immer stärker an der Weltwirtschaft. Der Wirtschaftsimperialismus im Wettstreit um die letzten noch nicht unter den Großmächten aufgeteilten Gebiete ließ Deutschland schließlich in die Weltpolitik eintreten.

Das Verhältnis zu England um die Jahrhundertwende war von drei Ereignissen geprägt. Das erste betraf die »Krügerdepesche« von 1896, die in England eine antideutsche Stimmung auslöste, welche beispielsweise in der Ächtung von Importen aus Deutschland durch dem Aufdruck »Made in Germany« deutlich wurde (Tirpitz, 1919). Dann kam es während der Samoakrise Anfang 1899 zu Provokationen, die in Deutschland als Suche der Engländer nach einem Kriegsanlaß gedeutet wurden (Böhm, 1972). Die Samoakrise war für Alfred von Tirpitz (1849-1930) ein willkommener Grund, eine Verstärkung der Flotte zum Schutz der deutschen Kolonien zu fordern. Das dritte Ereignis betraf den Burenkrieg (1899-1902) unter der harten britischen Kriegsführung. In diesem Zusammenhang nahm die Beschlagnahme eines Reichspostdampfers der Deutsch-Ostafrika-Linie Deutschland nun gänzlich gegen England ein.

Infolge der politischen Entwicklung Deutschlands im Streben nach Weltgeltung und Seegeltung - aus der Kontinentalmacht sollte eine Seemacht werden - wurde unter Kaiser Wilhelm II. die Flottenpolitik vom Staatssekretär im Reichsmarineamt Tirpitz forciert, die dem Schutz des Außenhandels und als Machtinstrument für Kolonialansprüche dienen sollte (Pogge von Strandmann, 1972). Begründet wurde sie zum einen durch die machtpolitische Konkurrenz mit England und zum andern durch den hohen Bündniswert einer starken Schlachtflotte.

Das erste Flottengesetz, das die künftige Flottenstärke fixierte, wurde 1898 im Reichstag angenommen. Um den Boden für einen weiteren Flottenausbau zu bereiten, setzte eine massive Flottenpropaganda durch die in vielen Großstädten gegründeten Flottenvereine ein (Böhm, 1972, Deist, 1976).

Das zweite Flottengesetz von 1900 beinhaltete das Erneuerungsintervall im »Dreiertempo«, d.h. den Neubau von drei Schiffen pro Jahr. Damit wurde die Verwendung des Marineetats genauestens festgelegt, so daß Unternehmungen außerhalb der Marineobliegenheiten wie z.B. wissenschaftliche Schiffsexpeditionen nicht mehr unterstützt werden konnten.

3. Drygalskis Aufgabenstellung für die Südpolarforschung

Nach der Rückkehr aus Grönland arbeitete Drygalski seine Beobachtungen über die Bewegung des Inlandeises aus (Drygalski, 1897) und habilitierte sich mit dem zweibändigem Grönlandwerk ein Jahr später. Zu Beginn seiner Antrittsvorlesung (Drygalski, 1898a) ging er auf die sensationelle Durchquerung des Nordpolarmeeres durch Fridtjof Nansen in den Jahren 1893 bis 1896 ein: Durch die Drift der FRAM wäre das Rätsel des Nordpolargebietes im wesentlichen gelöst. Die Arktis bestünde aus einem tiefen Meeresbecken und nicht aus einer Flachsee oder aus Landbrücken, die die Nordkontinente miteinander verbinden würden.

Bedeutsamer als die Restprobleme des Nordpolargebietes sah Drygalski die vielen ungelösten Fragen des Südpolargebietes an, wo »gegenwärtig ... die wichtigsten Aufgaben der wissenschaftlichen Geographie» lägen (Drygalski, 1898a: 126).

Als erstes nannte er das geographische Fundamentalproblem, nämlich die Wasser-Land-Verteilung. Bisher war unbekannt, ob die Antarktis aus Inselreihen besteht oder aus einem eisbedeckten Kontinent. Dazu gehörte auch die geologische Fragestellung nach Bau und Natur des südpolaren Landes und dessen Vulkanen, die an den Küsten schon gesichtet worden waren. Man hoffte des weiteren Versteinerungen zu finden, um damit ein Zusammenhängen der Kontinente Südamerika und Australien, das bis zum Tertiär vermutet wurde, belegen zu können. Im biologischen Fragenkomplex ging es um die Klärung, ob sich die Pflanzen- und Tierwelt angesiedelt oder ob eine eigene Entwicklung stattgefunden hat.

Magnetische Messungen sollten die äußerst lückenhaften Aufnahmen jenseits des 40. südlichen Breitengrades ergänzen und der Sicherung der Schiffahrtswege dienen. Ozeanographisch interessierte die Herkunft der kalten Ozeanströmungen, die im Südpolarmeer vermutet wurde. Meteorologische Messungen waren bislang noch nie im antarktischen Winter durchgeführt worden. Auch glazialphysikalisch war das antarktische Eis von hohem Interesse, lieferte es doch ein Beispiel für die Wirkung mächtiger Eismassen auf ein Relief, wie es vom europäischen Diluvialland bekannt war. So interessierte insbesonders die Bildung und Bewegung der großen südpolaren Eismassen. Geodätische Messungen wie die Bestimmung der Schwerkraft und astronomische Messungen waren ebenfalls von besonderem Wert.

Drygalskis Rede gipfelte in dem Vorschlag einer Südpolarexpedition, der die Reise mit einem Schiff und verschiedene wissenschaftliche Stationsarbeiten auf Land für die Dauer eines Jahres vorsah. Als praktischer Nutzen wurde die Entdeckung neuer Fanggründe und eine wesentliche Verbesserung der magnetischen Karten für die Schiffahrt in den Vordergrund gestellt. Drygalski beschloß die Rede mit dem Aufruf:

»Und in dem Augenblick, wo sich Deutschland rüstet, seine S e e g e l t u n g in früher nicht geahntem Umfange auszugestalten, da wäre eine Ausdehnung der S e e k e n n t n i s dort, wo es noch am meisten fehlt, eine nationale That, des Preises wert.« (Drygalski, 1898a: 133).

4. Verzögerung der deutschen Südpolarexpedition

Auf dem XI. Deutschen Geographentag, der 1895 unter dem Vorsitz Neumayers in Bremen stattfand, wurde die Bedeutung der Südpolarforschung durch die drei Vorträge von Neumayer (1896), Drygalski (1896) und seinem Begeiter auf der Grönlandexpedition Vanhöffen (1896) hervorgehoben. Diesmal hatten die mehr als 30jährigen Bestrebungen Neumayers für die Verwirklichung einer deutschen Südpolarexpedition Erfolg. Auf Drygalskis Antrag hin wurde die Deutsche Kommission für Südpolarforschung unter dem Vorsitz Neumayers gegründet. Die Kommission tagte im Zeitraum von 1895-1897 fünfmal, ohne zu greifbaren Entschlüssen zu kommen (Drygalski, 1904). Zum einen lag es daran, daß Neumayer an seiner Vorstellung festhielt, eine Südpolarexpedition könne nur mit zwei Schiffen erfolgreich durchgeführt werden, denn das eine Schiff könne im Notfall dem anderen zu Hilfe kommen. Drygalski - ebenfalls Mitglied der Kommission - propagierte dagegen seinen Plan, der nur ein Schiff vorsah. Die Anzahl der benötigten Schiffe war schließlich auch wesentlich für den finanziellen Aufwand der Expedition. Der Widerspruch in der Plangestaltung beider Männer konnte in den Kommissionssitzungen nicht gelöst werden. Zum anderen lag die Ergebnislosigkeit auch daran, daß die Finanzierung der Expedition nicht geklärt werden konnte und eine geeignete Persönlichkeit als Leiter noch nicht gefunden war. Infolge der Unschlüssigkeit bildeten einige Mitglieder der Kommission ein Aktionskomitee, um die Geldbeschaffung in eigene Hände zu nehmen.

Währenddessen hatte der Zoologe Carl Chun (1852-1914) auf der Versammlung Deutscher Naturforscher und Ärzte 1897 in Braunschweig einen Plan für eine Tiefsee-Expedition vorgelegt (Chun, 1903). Obwohl die Südpolarexpedition ältere Rechte hatte, wurde die Unterstützung der Chun'schen Expedition vorgezogen[1], da sie sich »nach Form und Inhalt sehr zur Unterstützung eigne« (Drygalski, 10.12.1897: 1). Richthofen, der den Expeditionsplan seines ehemaligen Schülers tatkräftig unterstützte, hatte in Erfahrung gebracht, daß »Tirpitz offenbar für Chun sei« (Drygalski, 16.12.1897: 2) und die Regierung erst seine Tiefsee-Expedition vorbereiten wollte[2]. Durch den persönlichen Einsatz von Friedrich Schmidt-Ott (1860-1956), der damals im preußischen Kultusministerium tätig war, bewilligte das Reichsschatzamt für Chun 300.000 M aus einem Reichsfonds, der bis dahin außer für wenige Einzelinstitute noch nie beansprucht worden war (Schmidt-Ott, 1952).

Als Chuns Plan bekannt geworden war, hatte Neumayer eine Aktion eingeleitet, um die Chun'sche Expedition mit dem Südpolarunternehmen zu verschmelzen. Hiermit erhoffte sich Neumayer die Realisierung seiner Vorstellung von einer Südpolarexpedition mit zwei Schiffen (Neumayer, 1901). Drygalski vermutete,

> »daß die Marine möglicherweise auch die Chun'sche Sache zu der ihrigen machen wird, ohne aber dieselbe im Sinn Neumayers zu erweitern. Das würde noch weitere Mittel, ..., und vor allem auch Arbeitskraft der Marine erfordern. Beides steht augenblicklich nicht zur Verfügung.« (Drygalski, 7.12.1897: 3-4).

Drygalski glaubte weiterhin, daß »N's neue Aktion jede andere Aktion für die Südpolarsache bedeutend erschweren wird.« Das unrealistische Vorgehen Neumayers wurde im weiteren Verlauf von Drygalski sehr kritisiert, war doch eine Expedition mit zwei Schiffen angesichts der allgemeinen Finanzlage undurchführbar (Drygalski, 1926).

> »Das Heil der Südpolar Expedition liegt in der Notwendigkeit, von Neumayer loszukommen und dazu können wir die Chunsche Expedition vortrefflich benutzen. Meiner Ansicht nach kann unter Neumayers Leitung nichts entstehen. Er scheut sich vor der That.« (Drygalski, 8.1.1898: 2).

Die näheren Umstände, die schließlich zur Trennung von Neumayer führten, sind in Lüdecke, 1990 näher dargestellt. Eine Interpellation im Reichstag, die ein Abgeordneter auf Drygalskis Bitte hin betreffs Finanzierung der Südpolarexpedition aus Reichmitteln beabsichtigte, konnte aus zeitlichen Gründen in der entsprechenden Sitzung nicht mehr erfolgen, »weil Tirpitz erst das Flottengesetz unter Dach und Fach haben wollte« (Drygalski, 5.4.1898: 2). So mußte die Einstellung in den Reichsetat bis auf weiteres verschoben werden.

5. Vorbereitung der Südpolarexpeditionen

5.1 In Deutschland

Die Agitation für das Südpolarprojekt hatte inzwischen Früchte getragen. Leitende Marinekreise wollten »die Südpolarsache ... nach Erledigung der Chunschen Expedition in die Hand nehmen.« (Drygalski, 28.1.1898: 1). Baudissin, der damalige Chef des Hydrographischen Amtes, wurde Delegierter des Reichsmarineamts für die 6. Sitzung der Deutschen Kommission für Südpolarforschung und beteiligte sich seitdem tatkräftig an den Vorbereitungen (Drygalski 1904).

Auf dieser Sitzung endlich wurde Drygalski als Leiter ernannt. Dies war erst nach der Fertigstellung seines Grönlandwerks und seiner Habilitation möglich geworden, durch die er sich sowohl wissenschaftlich als auch persönlich qualifiziert hatte (vgl. Anhang I). Jetzt konnte die direkte Abhängigkeit Drygalskis von Neumayer, die in den letzten Jahren so hinderlich gewesen war, gelöst und sein Plan einer Südpolarexpedition offiziell bekannt geben werden (Drygalski 1898b). Die Antarktis sollte mit einem Schiff auf der Kerguelen-Route[3] erreicht werden. Dort sollten auf einer Station ein Jahr lang magnetische und meteorologische Messungen ausgeführt werden. Während der Hin- und Rückreise waren ebenfalls wissenschaftliche Arbeiten vorgesehen. Die Expedition sollte zwei Jahre dauern und Anfang August 1900 ausreisen.

Im nächsten Schritt wurde eine Immediateingabe an Kaiser Wilhelm II. betreff Bereitstellung von Mitteln gerichtet, wobei von einem Kostenvoranschlag über 950.000 M. ausgegangen wurde (Drygalski, 1904). Nach dem Auslaufen der Chun'schen Tiefsee-Expedition zu ihrer 10monatigen Reise, bekundete der Kaiser für die Südpolarexpedition »lebhaftes Interesse« (Posadowsky, 2.11.1898: 2). Nun erst wurden Aktivitäten in den verschiedensten Ministerien und Dienststellen der Regierung eingeleitet.

Drygalski war der Ansicht, daß die Finanzierung der Expedition in den Marineetat gehörte, »... da die Ausführung doch aus allen Gründen aus der Marine kommen muß...« und nicht aus dem Reichsamt des Innern. »Man bekommt es bei diesem nur noch mit einer unteren Aufsichtsbehörde zu tun, die nicht so sachkundig ist.« (Drygalski, 5.4.1898: 2). Er mußte aber von Tirpitz erfahren, daß eine Finanzierung innerhalb des bewilligten Marineetats durch die Festlegung des Flottengesetzes nicht möglich war. So hoffte er, daß die Südpolarexpedition im nächsten Herbst als Gesetz zum Marineetat eingebracht werden könnte.

Zur Bearbeitung der Immediateingabe wurden vom Reichsmarineamt Kostenvoranschläge für die Varianten mit einem oder zwei Schiffen, bzw. die Dauer von zwei oder drei bis vier Jahren ausgearbeitet (Protokoll, 19.11.1898). Weiterhin erstellte Tirpitz ein Gutachten, in dem zugunsten einer Expedition mit einem Schiff entschieden wurde. Zur Begründung gibt Tirpitz an:

> »Sofern das Reich als solches die Entsendung und die Durchführung der Expedition und damit zugleich die volle Verantwortung für Gelingen und Sicherheit übernimmt, sind 2 Schiffe erforderlich, da es von vornherein auszuschließen ist, daß ein etwaiger Mißerfolg an Mangel an Mitteln zurückgeführt werden könnte. Falls für 2 Schiffe die Mittel nicht bereitgestellt werden können, würde das Unternehmen als ein privates zu charakterisieren und als solches vom Reich zu unterstützen sein.« (Tirpitz, 4.10.1898: 2-3).

Damit wurde klargestellt, daß bei einem etwaigen Mißerfolg die volle Verantwortung bei der Expeditionsleitung lag.

Der Staatssekretär des Reichsamts des Innern Arthur Graf von Posadowsky (1845-1932) schloß sich den Ausführungen seines Kollegen Tirpitz im wesentlichen an. Es gab laut Posadowsky

> »... keine zweite wissenschaftliche Aufgabe, welche größeres Interesse hervorruft, als das Vordringen zu den Erdpolen. Ein Erfolg Deutschlands in den seit 60 Jahren stehengebliebenen Südpolarforschung[4] würde dem deutschen Unternehmungssinn und der deutschen Wissenschaft zum Ruhm gereichen und das neue Jahrhundert mit einer friedlichen Großthat deutscher Wissenschaft bedeutungsvoll einleiten.« (Posadowsky, 2.11.1898).

Anfang 1899 fand eine große Agitationsversammlung im Kroll'schen Theater in Berlin statt, zu der die Gesellschaft für Erdkunde zu Berlin und die Abteilung Berlin-Charlottenburg der Deutschen Kolonial-Gesellschaft gemeinschaftlich eingeladen hatten (Sitzung 1899). Ungefähr 1300 Anwesenden wurden Zweck und Ziele der Expedition in den Ansprachen und Vorträgen von Richthofen, Drygalski, u.a. zur Kenntnis gebracht. Neumayer, der Vorsitzende der Deutschen Kommission für Südpolarforschung, erschien zu dieser Versammlung nicht, sondern entschuldigte sich damit, daß er verhindert sei. Aufgrund des erfolgreichen Abends hatte Prinz von Arenberg, Vorsitzender der einladenden Kolonial-Gesellschaft und Reichstagsabgeordneter, in der Budgetkommission den einstimmigen Beschluß erwirkt, die Regierung um baldige Bereitstellung von Mitteln für das Unternehmen zu ersuchen (Drygalski, 1904).

Im April 1899 wurde die Immediateingabe vom Kaiser bewilligt, so daß Mittel aus dem Reichshaushaltsetat angefordert werden konnten. Das Reichsamt des Innern nahm sich nun offiziell der Expeditionsvorbereitung an (Protokoll, 6.5.1899). Mit Hilfe eines wissenschaftlichen Beirats und Drygalskis Beteiligung wurde der Plan konkretisiert und Route, Aufgabe und Ausrüstung festgelegt. Den Abschluß bildete eine Dienstanweisung, die in 22 Punkten die Expedition umriß und die im wesentlichen in Anhang II zitiert wird (Posadowsky, 18.7.1901).Der Bau der GAUSS, des ersten deutschen, rein für Forschungszwecke konzipierten Schiffs, wurde von der Nautischen Abteilung des Reichsmarineamts in die Hand genommen. Durch einen Marine-Oberbaurat wurde das Lastenheft des Expeditionsschiffes erstellt und mit den Bauplänen veröffentlicht (Kretschmer, 1900). Das Reichsamt des Innern war Bauherr und übertrug nach einer Ausschreibung die Ausführung den Howaldts-Werken in Kiel.

5.2 In England

In England hingegen unterschied sich die politische Begründung einer britischen Südpolarexpedition sehr von ihrer wissenschaftlichen. Erst nachdem die deutsche Expedition finanziell gesichert war, wurde von der britischen Regierung finanzielle Unterstützung zugesagt (Drygalski, 1904). Obwohl sich schon der Ausbruch des Burenkrieges abzeichnete, wurden aus Rivalitätsgründen auch Aktivitäten in der Antarktis beschlossen, da man Deutschland in der Polarforschung nicht das Feld überlassen wollte (vgl. Huntford, 1980). Aus wissenschaftlichen Gründen hatte Sir Clements Markham (1830-1916), der mit seiner Agitation für die Südpolarforschung in England eine vergleichbare Rolle wie Neumayer in Deutschland spielte, schon seit Jahren eine Fortsetzung der englischen Südpolarforschung gefordert, die mit der »Challenger«-Expedition (1872-76) zu Ende ging. Inbesonders wurde auf dem 6. Internationalen Geographen-Kongreß 1895 in London eine Resolution verabschiedet, in der »die Erforschung der antarktischen Region für das bedeutendste der noch zu lösenden geographischen Probleme« angesehen wurde (Friederichen 1895: 6).

Auf dem 7. Internationalen Geographen-Kongreß 1899 in Berlin gab es eine ganze Sektion über Polarforschung (Kollm, 1899). Markham leitete sie mit einem Vortrag über die geplanten antarktischen Expeditionen ein (Markham, 1899). Durch die Aufteilung der Antarktis in Quadranten (Abb.1) legte er die Arbeitsgebiete fest, die sich an den traditionellen Arbeitsgebieten beider Länder[5] orientierten. Die deutsche Expedition sollte im Weddell- und Enderby-Quadrant (270°-O° und 0°-90°) tätig werden und die englische unter der Leitung von Robert Falcon Scott (1868-1912) im Victoria- und Ross-Quadrant (90°-180° und 180°-270°). Drygalski stellte nun seinen endgültigen Expeditionsplan vor, deren Reiseweg mit seinen Varianten Abb. 2 wiedergibt (Drygalski, 1899). Anschliessend diskutierten namhafte Kapazitäten wie Nansen u.a. wohlwollend die vorgebrachten Ausführungen (Kollm, 1899).

Zum Abschluß der Sitzung wurde ein Antrag von Drygalski einstimmig angenommen, der eine internationale Kommission zur Organisation gleichzeitiger meteorologisch-magnetischer Beobachtungen außerhalb des Südpolargebiets vorsah. Die »Internationale Kooperation« wurde zwischen einem deutschen und einem englischem Komitee vereinbart und betraf gleichzeitige meteorologische Messungen vom 1.10.1901 bis 31.3.1903 und magnetische Messungen von Februar 1901 bis Februar 1903 (Bidlingmaier, 1901).

Eine Sache fiel bei der Vorstellung beider Expeditionen einem deutschen Berichterstatter auf: Für die englische Expedition waren sechs Marineoffiziere und drei Gelehrte vorgesehen und für die deutsche fünf Offiziere der Handelsschiffahrt und sechs Gelehrte.

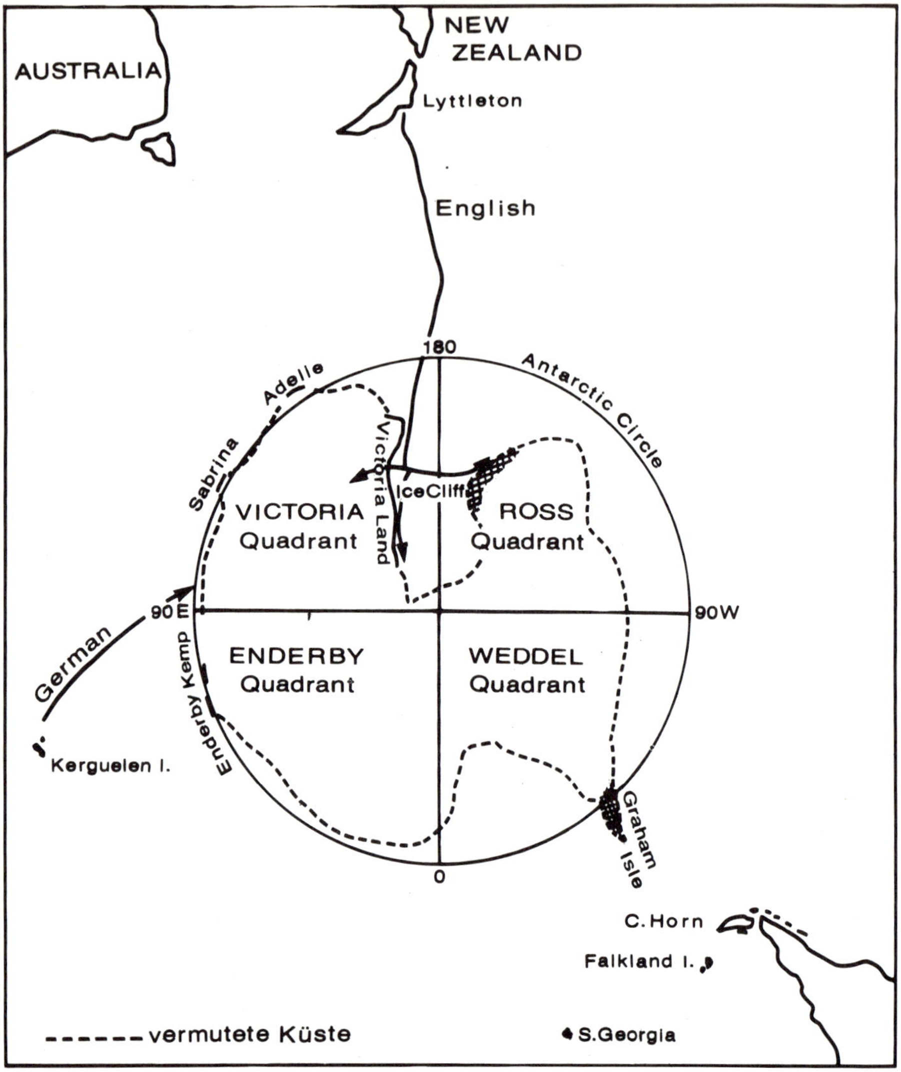

Abb. 1
Sektoreneinteilung der Antarktis und durch
Markham (nach Markham, 1986).

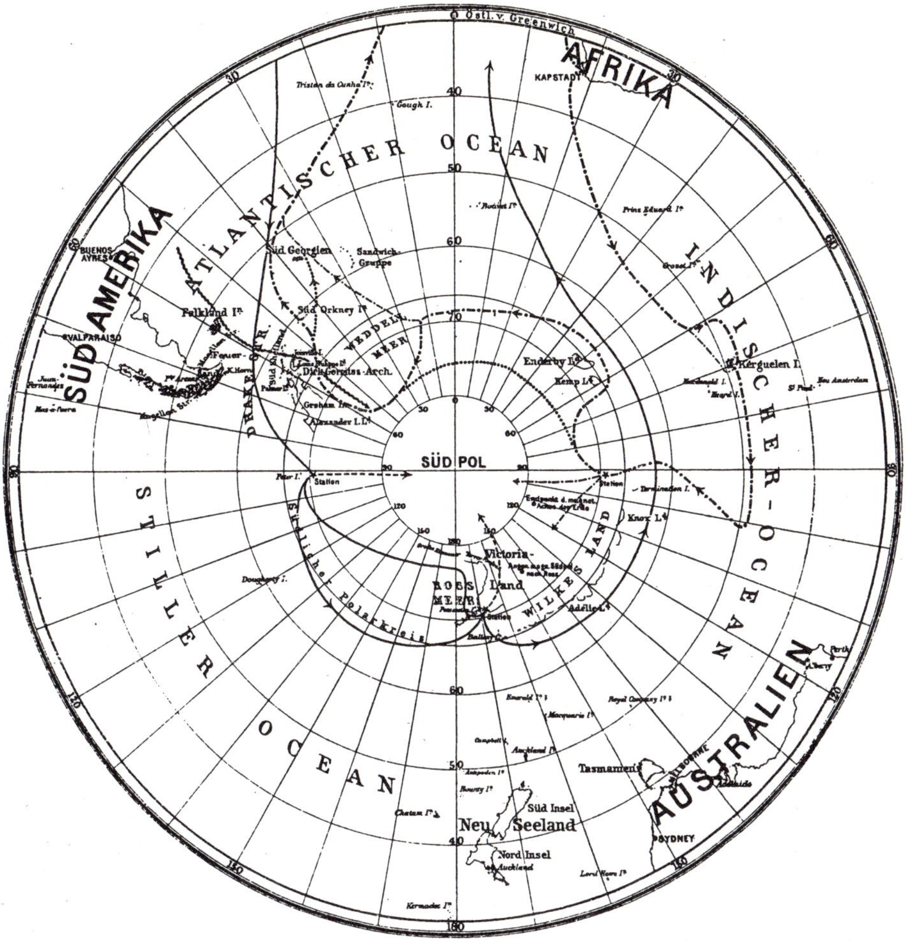

Aus Verhandlungen d. Ges. f. Erdk. zu Berlin Bd. XXVI 1899
mit Ergänzungen von E. v. Drygalski.

Photolith. d. geogr. lith. Anst. u. Steindr. v. C. L. Keller, Berlin S.

Verlag d. Kgl. Hofbuchh. v. E. S. Mittler & Sohn Berlin, Kochstr. 68-71.

Abb. 2
Geplante Routen der deutschen Südpolarexpediton
(aus Kretschmer, 1900).

> »Man hat fast den Eindruck, als ob bei der ersteren ein verhältnismäßig größeres Gewicht auf der räumlichen Erweiterung des Wissens gelegt werden sollte, gegenüber der wissenschaftlich vertieften Arbeit auf kleinerem Raum, wie sie von deutscher Seite geplant ist. Beide Anschauungen haben indessen ihre Vorzüge, und es ist im höchsten Grade segensreich, daß die Expeditionen gleichzeitig arbeiten, um sich so völlig zu ergänzen.« (Fricker, 1899: 39).

Die Deutung der unterschiedlichen Zielsetzung sollte sich später als zutreffend erweisen, sie wurde aber damals in der breiten Öffentlichkeit nicht realisiert.

In der Folge regte der Kongreß eine schwedische Expedition (1901-03) unter der Leitung von Otto Nordenskjöld an, die im Weddell-Quadrant tätig wurde. Später kam noch die schottische Expedition (1902-04) in das Weddell-Meer hinzu, die von William Speirs Bruce geführt wurde. Die in Drygalskis Routenkarte (Abb. 2) erwähnte »Amerikanische Route« in das Weddell-Meer war wohl geplant, kam aber nie zur Ausführung.

5.3 Expeditionsausführung und Wertung in der Öffentlichkeit

Anfang August 1901 verließen die deutsche und die englische Expedition ihre Heimathäfen[6]. Die englische Expedition (1901-04) hatte ihren Ausgangspunkt an einer schon bekannten Küste der Antarktis. Sie erkundete die Ausdehnung und die Natur des Victoria-Landes und drang bis 82°17'S vor. Die Nachricht über diesen Erfolg wurde von der Hilfsexpedition nach Europa übermittelt, die Anfang 1903 der DISCOVERY-Besatzung Proviant, Kohlen u.s.w. gebracht hatte. Über die Beobachtungen und die ersten Ergebnisse der Überwinterung lagen derzeit allerdings noch keine Nachrichten vor.

Die deutsche Expedition (1901-1903) traf auf völlig unbekanntes Gebiet. Die GAUSS fror 80 km vor der Küste bei 66°2'S im Packeis ein, so daß nur Stationsmessungen an Bord und auf dem Eis durchgeführt werden konnten. Zwischen Knox- und Kemps-Land wurde das neue Kaiser-Wilhelm-Land zum Teil erkundet. Besonders bemerkenswert war die Entdeckung des eisfreien vulkanischen Gauß-Berges. Aufgrund einer geänderten Dienstanweisung[7] war Drygalski gezwungen, sich spätestens bis 1.6.1903 telegraphisch in der Heimat zu melden, andernfalls würde eine Hilfsexpedition ausgerüstet (Drygalski 1.1.1902). Gerade rechtzeitig kamen sie aus dem Eis frei, um von Durban aus ihr erstes Lebenszeichen und die Bitte um die Fortsetzung der Expedition abzusenden.

Kurz vor ihrer dortigen Ankunft wurden in Deutschland die ersten Nachrichten von der englischen Südpolarexpedition und das Erreichen der hohen südlichen Breite bekannt. Dadurch steigerten sich die Erwartungen hinsichtlich der eigenen Expedition in dieselbe Richtung, war doch auch auf einer der offiziellen Grußpostkarten der Expedition die GAUSS unter Segeln mit Kurs »zum Südpol« dargestellt. Offensichtlich galten 1903 in der Heimat andere Gesichtspunkte als zum Zeitpunkt der Ausreise, als beide Expeditionen Teil eines internationalen Planes zur gemeinsamen wissenschaftlichen Erforschung der Antarktis waren (Drygalski, 1904.

Der innere - nicht sichtbare - Erfolg der deutschen Expedition lag in der Auswertung der gesammelten Daten, deren Ergebnisse später in 20 Bänden und 2 Atlanten veröffentlicht wurden (Drygalski, 1905-1931). In Regierungskreisen und in der Öffentlichkeit wirkte allerdings eher der - greifbare - äußere Erfolg, den die Engländer durch ihre Schlittenreisen errungen hatten. Dem gegenübergestellt hatte die deutsche Südpolarexpedition versagt, denn sie hatte nicht, wie ursprünglich in den Expeditionsplänen angegeben, hohe Breiten, geschweige denn den geographischen oder magnetischen Pol erreicht (Supan, 1903, Polarländer, 1903). Alle positiven - falschgesteckten - Erwartungen hatten sich aus dieser Sicht zerschlagen.

Die Expedition wurde wegen Fondserschöpfung von einem inzwischen neueingetretenen Referenten des Reichsamts des Innern zurückberufen, der auch den Verkauf der GAUSS zur Verringerung der Mittelüberschreitung durchsetzte (Schmidt-Ott, 1952). Nun war genau das eingetreten, was Drygalski bei der Übernahme der Vorbereitungen durch das Reichsamt befürchtet hatte. Ein inkompetenter, persönlich nicht interessierter Referent konnte die zweite Überwinterung verhindern, obwohl sie mit äußerst geringen Mitteln möglich gewesen wäre. Zum Verkauf der GAUSS wurden auch keinerlei Gutachten von Wissenschaftlern über eine mögliche Weiterverwendung eingeholt (vgl. Geheimes Zivilkabinet, 1904). Am 15.4.1904 kaufte die kanadische Regierung das Schiff für 75.000 $, das nun als ARCTIC unter der Führung von Kapt. Bernier Vermessungszwecken in der Arktis diente (Polarländer, 1904). Am selben Tag erst schrieb der Meteorologieprofessor Wilhelm von Bezold (1837-1907) in Vertretung für mehrere Akademien der Wissenschaften an das Marine Kabinet, um für den Erhalt der GAUSS zu plädieren, die im Atlantik für die magnetische Vermessung des 50. Breitenkreises Verwendung finden sollte (Bezold, 15.3.1904). Nun hatte sich aber schon wegen vordergründiger Beurteilungen die politische Entscheidung über die wissenschaftlichen Bedürfnisse hinweggesetzt. So wurde im Reichsministerium des Innern mit Berufung auf das Reichsmarineamt, das keine Verwendung für ein Polarforschungsschiff sah, der weiteren offiziellen deutschen Südpolarforschung ein Ende gesetzt, obwohl ein erfolgreicher Anfang getan war.

Danksagung

Dieser Aufsatz ist eine Überarbeitung und Erweiterung eines Manuskripts von einen Vortrag, der auf dem XVIIIth International Congress of History of Science (1.-9.8.1989, Hamburg - München) gehalten wurde.

Herrn Kerler bin ich für die Einsicht in die Sammlung von Originalbriefen, die Drygalski an den Initiator des Aktionskomitee Dr. Hans Meyer geschrieben hat, sehr zu Dank verpflichtet. Abb. 1 basiert auf einer schlecht reproduzierbaren Skizze aus dem Originalmanuskript Sir Clements Markhams, die mir vom Scott Polar Research Institute (Cambridge) freundlicherweise zur Verfügung gestellt wurde.

Literatur

Bidlingmaier, F., 1901, Die erdmagnetisch-meteorologischen Arbeiten und Ausrüstungsgegenstände der deutschen Südpolar-Expedition und die Vorschläge für die internationale Kooperation während der Zeit der Südpolarforschung 1901-1903. Peterm. Mitt., Bd. 47, 152-153.

Böhm, E., 1972, Überseehandel und Flottenbau. Bertelsmann Universitätsverlag, Düsseldorf, 418 S.

Chun, C., 1903, Aus den Tiefen des Weltmeeres. Gustav Fischer Verlag, Jena, 2. Aufl., 592 S.

Deist, W., 1976, Flottenpolitik und Flottenpropaganda. Das Nachrichtenbureau des Reichsmarineamtes 1897-1914. Deutsche Verlagsanstalt, Stuttgart, 344 S.

Drygalski, E.v., 1887, Die Geoiddeformation der Eiszeit. Ztschr. d. Ges. f. Erdk. Bln., 22, 168-280.

Drygalski, E.v., 1897, Grönland-Expedition der Gesellschaft für Erdkunde zu Berlin 1891 bis 1893. W.H. Kühl, Berlin, Bd. I, 571 S., Bd. II, 556 S.

Drygalski, E.v., 1898a, Die Aufgaben der Forschung am Nordpol und Südpol. Geogr. Ztschr., Bd. 4 (3), 121-133.

Drygalksi, E.v., 1898b, Plan einer Deutschen Expedition in das Südpolargebiet. in: Die Deutsche Südpolarexpedition. Sonderdruck aus dem 17. Jhr-ber. Geogr. Ges. München, S. 38-40.

Drygalski, E.v., 1899, Plan und Aufgaben der Deutschen Südpolar-Expedition. Verh. 7. Int. Geogr.-Kongr., Berlin, Bd. 2, 631-642.

Drygalski, E.v., 1904, Zum Kontinent des eisigen Südens. Verlag Georg Reimer, Berlin, 668 S.

Drygalski, E.v. (Hrsg.), 1905-1931, Deutsche Südpolar-Expedition 1901-1903. Im Auftrage des Reichsamtes des Innern herausgegeben, 20 Bde., 2 Atlanten, Georg Reimer, Berlin und Leipzig.

Drygalski, E.v., 1926, Auf zum Südpol! Erinnerungen an Georg von Neumayer zu seinem hundertsten Geburtstag. Pfälzisches Museum - Pfälzische Heimatkunde, 43./22. (5/6), 110-121

Fricker, F., 1899, Der VII. Internationale Geographenkongreß zu Berlin. Geogr. Ztschr., Bd. VI (1), S. 38-47.

Friederichsen, L., 1895, Der sechste Internationale Geographen-Kongreß in London, 26. Juli - 3. Aug. 1895. Mitt. Geogr. Ges. Hamburg, Separatdruck, 28 S.

Huntford, R., 1989, Scott und Amundsen. Dramatischer Kampf um den Südpol. Athenäum Verlag, 478 S.

Kollm, G. (Hrsg.), 1899, Verhandlungen des 7. Internationalen Geographen-Kongresses zu Berlin, Berlin, 981 S.

Kretschmer, 1900, Die Deutsche Südpolarexpedition. Marine-Rundschau, Berlin, Sonderdruck, 29 S.

Kuczynski, T., 1989, Das Wachstum der Industrieproduktion in den kapitalistischen Hauptländern (England, USA, Frankreich, Deutschland) und seine regionale Verteilung von 1830 bis 1913. Versuch einer Rekonstruktion. in: Jb. f. Wirtschaftsbeschichte, Sonderband: Umwälzung der deutschen Wirtschaft. im 19. Jahrhundert, R. Berthold (Hrsg.), 183-199.

Lüdecke, C., 1989, Die Routenfestlegung der ersten deutschen Südpolarexpedition durch Georg von Neumayer und ihre Auswirkung. Polarforschung, 59 (3), 103-111.

Lüdecke, C., 1990, Zum 125. Geburtstag Erich von Drygalskis. Erich von Drygalski und Georg von Neumayer als Kontrahenten. DGM-Mitteilungen, (2), 11-16.

Markham, Sir Cl., 1899, The Antarctic Expeditions. In: Verh. 7. Int. Geogr.-Kongr., Berlin, Bd. 2, 623-630.

Markham, Sir Cl., 1986, A personal narrative of the origins of the British National Antarctic Expedition 1901-1904. C. Holland (ed.), Bluntisham Books and Erskine Press, Alburgh, 179 p.

Neumayer, G.v., 1896, Die wissenschaftliche Erforschung des Südpolargebietes. Verh. d. XI. Dt. Geogr.-Tages zu Bremen, Dietrich Reimer, Berlin, 9-17.

Neumayer, G.v., 1901, Über Südpolaforschung. In: Auf zum Südpol! Vita Deutsches Verlagshaus, Berlin, S. 369-445.

Polarländer, 1903, Geogr. Ztschr., 9, S. 703-705.

Polarländer, 1904, Geogr. Ztschr., 10, S. 231.

Pogge von Strandmann, 1972, Nationale Verbände zwischen Weltpolitik und Kontinentalpolitik. In: Marine und Marinepolitik im kaiserlichen Deutschland 1871-1914, H. Schottelius und W. Deist (Hrsg.), 2. Aufl. 1981, 296-317.

Schmidt-Ott, F., 1952, Erlebtes und Erstrebtes 1860-1950. Franz Steiner Verlag, Wiesbaden, 332 S.

Scott, R.F., 1905, The Voyage of the Discovery. Macmillan and Co., Ltd., London, Vol. I, 556 p., Vol. II, 508 p.

Sitzung, 1899, Gemeinschaftliche Sitzung der Gesellschaft für Erdkunde zu Berlin und der Abteilung Berlin-Charlottenburg der Deutschen Kolonial-Gesellschaft am 16.Januar 1899. Verh. Ges. f. Erdkd. Berlin., 1899, Bd. 26, S. 58-59.

Supan, A., 1903, Die deutsche und die englische Südpolarexpedition. Peterm. Mitt., 49 (7), 153-155.

Tirpitz, A.v., 1919, Erinnerungen. Neue durchgesehene Auflage 1920, 547 S. Vanhöffen, E., 1896, Welches Interesse haben Zoologie und Botanik an der Erforschung des Südpolargebiets? Verh. d. XI. Dt. Geogr.- Tages zu Bremen, Dietrich Reimer, Berlin, 30-38.

Witt, P.-Ch., 1970, Die Finanzpolitik des Deutschen Reiches von 1903 bis 1913. Eine Studie zur Innenpolitik des Wilhelminischen Deutschlands, Matthiesen Verlag, Lübeck, 421 S.

Urkundliche Quellen

Bezold, 15.3.1904, Zentrales Staatsarchiv, Dienststelle Merseburg, Geheimes Zivil Kabinet, 2.2.1., Nr. 21373, Bl. 146-149.

Drygalski, 7.12.1897, 10.12.1897, 16.12.1897, 8.1.1898, 28.1.1898, 5.4.1898, Privatbesitz W. Kerler, Söcking.

Drygalski, 1.1.1902, Zentrales Staatsarchiv, Dienststelle Merseburg, Ministerium des Innern, Rep. 76 Vc Sekt. 1 Tit. XI Teil VA Nr.7 I, Bl. 410-417.

Geheimes Zivilkabinet, 1904, Zentrales Staatsarchiv, Dienststelle Merseburg, Geheimes Zivilkabinet, 2.2.1. Nr. 21373, Bl. 122, Bl. 123, Bl. 126, Bl.138-141, Bl. 146-149.

Posadowsky, 2.11.1898, Zentrales Staatsarchiv, Dienststelle Merseburg, Nachlaß Schmidt-Ott, Rep. 92, Schmidt-Ott, B XXIX3, Bl. 113-126.

Posadowsky, 18.7.1901, Dienstanweisung für die »Deutsche Südpolar-Expedition«, Geographische Zentralbibliothek, Leipzig, Inv. 4870, Kasten 70, lfd. Nr. 6, 17 S.

Protokoll der Sitzung der Kommission für die Berathung einer Südpolar-Expedition, 19.11.1898, Bundesarchiv-Militärarchiv, Freiburg, RM 3/V, 8811, Bl. 72-85.

Protokoll der Sitzung vom 6.5.1899 im Reichsamt des Innern, Zentrales Staatsarchiv, Dienststelle Merseburg, Nachlaß Schmidt-Ott, Rep. 92, Schmidt-Ott, B XXIX3, Bl. 196-203.

Tirpitz, 4.10.1898, Gutachten zu dem Immediatgesuch der deutschen Kommission für die Südpolarforschung, betreffend Entsendung einer deutschen Südpolarexpedition. Zentrales Staatsarchiv, Dienststelle Merseburg, Nachlaß Schmidt-Ott, Rep. 92, Schmidt-Ott, B XXIX2, Bl. 19-20.

Anhang 1

Zeittafel zu Erich von Drygalskis Südpolarexpedition und der Flottenpolitik Kaiser Wilhelms II.

17.-19.04.1895 11. Deutscher Geographentag in Bremen. (Leitung: Georg von Neumayer, Direktor der Deutschen Seewarte),
- Vorträge zur Polarforschung,
- Bildung der Deutschen Kommission für Südpolarforschung, Vorsitz: G.v. Neumayer

26.07.-03.08.1895 6. Internationaler Geographenkongreß in London. (Leitung: Sir Clements Markham, Präsident der Royal Society)
- Resolution: »Die Erforschung der antarktischen Region ist das bedeutendste der noch zu lösenden geographischen Probleme«.
- Anregung zur Südpolarforschung, aber erfolglos.

03.01.1896 Krügerdepesche.

18.01.1896 Kaiser Wilhelm II. verkündet offiziell den Eintritt Deutschlands in die Weltpolitik.

20.03.1897 Reichstag lehnt Flottenvorlage der Regierung ab.

April 1897 Gründung eines Aktionskomitees innerhalb der Deutschen Kommission für Südpolarforschung mit dem Ziel, Geldmittel für eine Expedition zu beschaffen.

24.09.1897 Plan der Chun'schen Tiefsee-Expedition auf der Versammlung deutscher Naturforscher und Ärzte in Braunschweig vorgelegt.

Dezember 1897 Drygalski veröffentlicht sein Grönlandwerk.

Januar 1898 Bewilligung der staatlichen Finanzierung der Tiefsee-Expedition durch den Reichstag.

16.02.1898 Habilitationsrede Drygalskis: »Die Aufgaben der Forschung an Nordpol und Südpol«.
19.02.1898 6. (letzte) Sitzung der Deutschen Kommission für Südpolarforschung in Leipzig.
- Drygalski zum Leiter gewählt.

22.02.1898 Bekanntgabe des offiziellen Planes der Südpolar-Expedition mit einem Schiff.
Februar 1898 Interesse der Marine für die Südpolarexpedition geweckt.
28.03.1898 Erste Flottenvorlage durch den Reichstag bewilligt.
- Massenproteste.

04.04.1898 Drygalski verhandelt im Reichsmarineamt stundenlang mit Staatssekretär Tirpitz und dem Chef der Nautischen Abteilung Baudissin über die Expedition.
April 1898 Interpellation im Reichstag betreffs Finanzierung der Südpolarexpedition auf Wunsch des Reichsmarineamts bis nach Annahme des Flottengesetzes verschoben.
10.04.1898 1. Flottengesetz.
- Fixierung der Flottenstärke.

20.07.1898 Immediateingabe der Deutschen Kommission für die Südpolarforschung an den Kaiser mit der Bitte um
- Finanzierung des Baus eines Expeditionsschiffes.
- Übernahme der nautischen Führung durch die Kaiserliche Marine.

02.08.1898 Ausreise der Tiefsee-Expedition.
August 1898 Interesse des Kaisers für die Südpolarexpedition geweckt.
04.10.1898 Gutachten von Tirpitz zu Gunsten einer »privaten Expedition« ins Südpolargebiet mit einem Schiff. - Marinepersonal steht nicht zur Verfügung.
19.11.1898 Kostenvoranschläge des Reichsmarineamts.
- Zwei Schiffe/vier Jahre: 2.900.000 M.
- Ein Schiff/zwei Jahre: 1.020.000 M.
- Zwei Schiffe/drei Jahre: 2.475.000 M.

15.12.1898 Reichstagsrede August Bebels gegen die hohen Rüstungsausgaben.
16.01.1899 Gemeinschaftlische Sitzung der Gesellschaft für Erdkunde zu Berlin und der Abteilung Berlin-Charlottenburg der Deutschen Kolonial-Gesellschaft im Kroll'schen Theater in Berlin.
- Ansprachen und Vorträge über die Bedeutung der Südpolar-Expedition.

23.02.1899 Einstimmige Annahme der Resolution des Prinzen von Arenberg im Reichstag zu Gunsten der finanziellen Unterstützung der Südpolarexpedition.
01.03.1899 Einstimmiger Beschluß der Budgetkommission, die Regierung um Bereitstellung der Mittel für die Südpolarexpedition zu ersuchen.
16.03.1899 Militärvorlage im Reichstag angenommen.
April 1899 Immediateingabe vom Reichstag bewilligt.
27.04.1899 Gründung des Wissenschaftlichen Beirats für Beratungen über die Südpolarexpedition im Reichsamt des Innern.
30.04.1899 Rückkehr der Chun'schen Tiefsee-Expedition.
Frühjahr 1899 Samoakrise.
1899-1902 Burenkrieg.
06.05.1899 Beginn der Expeditionsvorbereitungen durch das Reichsamt des Innern unter dem Vorsitz des Staatssekretärs Posadowsky-Wehner in Verbindung mit dem wissenschaftlichen Beirat.
15.06.1899 Finanzierung der Südpolarexpedition durch den Reichstag bewilligt.
03.07.1899 Staatliche Finanzierung der englischen Südpolarexpedition bewilligt.
28.09.-11.10.1899 7. Internationaler Geographenkongreß in Berlin. (Leitung: Ferdinand Frhr.v. Richthofen, Vorsitzender der Gesellschaft für Erdkunde zu Berlin)
- Eine gesamte Sektion über Polarforschung.

- Sektoreneinteilung der Antarktis durch Markham.
- Internationale magnetisch-meteorologische Kooperation durch Drygalski eingeleitet.

Anfang 1900 Massenproteste gegen zweite Flottenvorlage.

25.05.1900 Robert Falcon Scott zum Leiter der englischen Südpolarexpedition bestellt.

12.06.1900 2. Flottenvorlage im Reichstag angenommen.

- Erneuerungsintervall im »Dreiertempo«, d.h. drei Schlachtschiffe pro Jahr.

1900-1903 Weltwirtschaftskrise

- Arbeitslosigkeit.

02.04.1901 Taufe der GAUSS in Kiel durch Frh. von Richthofen (erstes deutsches nur für Forschungszwecke gebautes Schiff).

28.05.-30.05.1901 13. Deutschen Geographentag in Breslau 30.05.1901 (Leitung: Georg von Neumayer)

- Auflösung der Deutschen Kommission für Südpolarforschung.

18.07.1901 Dienstanweisung für die Südpolarexpedition durch das Reichsamt des Innern.

06.08.1901 Ausreise der englischen Südpolarexpedition

11.08.1901 Ausreise der deutschen Südpolarexpdition

11.06.1902 Verhandlung in Reichstag des Innern über die Hilfsexpedition, falls bis zum 1.6.1903 keine Nachricht von Drygalski eingetroffen ist.

30.05.1903 Besprechung im Reichsamt des Innern über eine eventuelle Hilfsexpedition.

01.06.1903 Drygalski telegraphiert aus Durban nach Berlin über das Wohlergehen der Expedition

- Am 22.2.1902 66°S 90°O erreicht.

02.06.1903 Rückruf der GAUSS durch das Reichsamt des Innern.

25.11.1903 Rückkehr der ersten deutschen Südpolarexpedition nach Kiel.

20.01.1904 Kaiser Wilhelm II. läßt bei Tirpitz anfragen, ob Bedenken gegen den Verkauf der GAUSS vorliegen.

11.02.1904 Tirpitz hält den Verkauf der GAUSS für das ratsamste.

15.03.1904 Verkauf der GAUSS für 75.000 $ an die kanadische Regierung, die das Schiff für Vermessungszwecke in der kanadischen Arktis verwenden will.

15.03.1904 In Vertretung für mehrere Akademien der Wissenschaften bittet Prof. Bezold das Marine Kabinet um Erhaltung der GAUSS für magnetische Messungen im Atlantik.

10.09.1904 Rückkehr der englischen Südpolarexpedition.

1905-1931 Auswertung der Messungen und Sammlungen und Herausgabe der Ergebnisse durch Drygalski im Auftrag des Reichsamtes des Innern.

Anhang 2

Auszüge aus der Dienstanweisung für die Südpolarexpedition

Die mit (*) gekennzeichneten Paragraphen sind in Drygalski, 1904: 53-56 ausführlich besprochen.

1) Aufgabe.
   - Errichtung einer Basisstation auf Kerguelen.
   - Errichtung einer Landstation auf der Antarktis für die Dauer eines Jahres.

2) Ausreise.
   - Weiterfahrt von Kerguelen im Dezember 1901.

3) Heimreise.
   - Fortsetzung der Reise nach Stationsauflösung möglich.
   - Juni 1904 als letzter Rückkehrtermin in einen Hafen zur Kontaktaufnahme mit der Heimat.

4) Mittel zur Durchführung.
   - Dem Expeditionsleiter wird das Schiff mit seinen personellen und materiellen Mitteln zur uneingeschränkten Verfügung gestellt.

5) Personelle Mittel.
   - Wissenschaftler, Besatzung, Personal der Kerguelenstation.

6) Charakter des Südpolarschiffs. (*)
   - Reichsdienstflagge.

7) Allgemeine Pflichten für alle Mitglieder der Expedition. (*)
   - Rückhaltslose Hingabe, unbedingte Unterordnung, Selbstlosigkeit und treue Kameradschaft zu Gunsten des allen gemeinsamen Ziels zur Ehre des deutschen Namens.

8) Leitung der Expedition.
   - Der Leiter fungiert als Vertreter des Reichsamts des Innern.
   - Seinen Anordnungen ist mit allen Kräften zu folgen.

9) Verhältnis zwischen Leitung und den wissenschaftlichen Mitgliedern in Bezug auf die Arbeitsgebiete.
   - Der Leiter kann bei Bedarf Vertretungen und Neueinteilungen der Arbeitsgebiete vornehmen.

10) Verhältnis zwischen Leitung und Schiffsführung. (*)
   - Der Schiffsdienst soll stets dem Zweck der Expedition entsprechen.
   - Der Kapitän hat den Anordnungen des Leiters zur Durchführung der Expedition Folge zu leisten.
   - Der Kapitän behält die volle seemännische Verantwortung.

11) Verhältnis zwischen dem Leiter und der Schiffsmannschaft.(*)
   - Die Schiffsmannschaft ist dem Leiter unterstellt.
   - Die Macht- und Befehlsbefugnisse des Kapitäns bleiben unberührt.

12) Heranziehung der Schiffsmannschaft zu wissenschaftlichen Arbeiten oder deren Unterstützung. (*)
   - Die Schiffsmannschaft ist im Einvernehmen zwischen Leiter und Kapitän zur Hilfeleistung verpflichtet.

13) Allgemeine Regel, betreffend Verbrauch und Konservierung der Bestände an Proviant, Kohlen gg. (*)
   - Rückhaltung eines eisernen Bestands von Proviant für 15 Monate und 2/5 der vollen etatsmäßigen Ausrüstung an Kohlen und Maschinenmaterial.

14) Maschine, ihr Inventar und Material.
- Oberstes Gebot ist die Bewegungsfähigkeit und Unabhängigkeit von äußeren Einflüssen.

15) Vertretungen in Leitung und Führung.
- Der Leiter wird durch den ältesten Wissenschaftler vertreten.
- Der Kapitän wird entsprechend den gesetzlichen Bestimmungen vom Dienstältesten vertreten.

16) Sanitäre Anordnungen.
- Sonderanordnungen sind auf Vorschlag des Arztes durch den Leiter und den Kapitän gemeinsam zu treffen.
- Die gesetzlichen Pflichten des Kapitäns bleiben unberührt.

17) Berichterstattung, Meldungen.
- Der Leiter soll jede Gelegenheit für Berichte und Nachrichten in die Heimat nutzen.

18) Renumeration. (*)
- Die Bezahlung ergeht aus Reichsmitteln gemäß den gesetzlichen Bestimmungen der Seemannsordnung und des Handelsgesetzbuchs (zuzüglich einer Polarzulage, die nicht Inhalt der Dienstanweisung ist).

19) Unfallversicherung. (*)
- Versicherung gegen Unfall und eine aus den klimatischen Verhältnissen hervorgehende Invalidität.
- Übernahme einer ergänzenden Zusatzversicherung durch das Reich.

20) Ergebnisse. (*)
- Die Ergebnisse und Sammlungen sind Eigentum des Reichs.
- Die wissenschaftlichen Expeditionsmitglieder werden bei der Auswertung und der Veröffentlichung der Ergebnisse beteiligt.

21) Unfall.
- Protokollaufnahme.

22) Zusatzbestimmung für die Kerguelenstation.
- Bestimmung der Station für magnetisch-meteorologische Messungen.
- Bestimmungen zu Betrieb und Leitung der Station werden vom Expeditionsleiter getroffen.

Berlin, den 18. Juli 1901

Der Reichskanzler
In Vertretung
Graf Posadowsky

Anmerkungen

1. Weil die veranschlagten Kosten der Tiefsee-Expedition nur 1/3 der Kosten der Südpolarexpedition betragen sollten, war die Finanzierung viel leichter möglich. Auch war das Ziel mit der biologischen Erforschung der atlantischen und indischen Tiefsee fern der bekannten Fahrtrouten eng umrissen.

2. Hier war wohl ausschlaggebend, daß Tirpitz bezüglich der Interessen der Flotte einen zweiten Forschungsschwerpunkt auf ozeanographische Untersuchungen legen konnte, für die er den Ozeanographen Gerhard Schott (1866-1961) von der Deutschen Seewarte freistellte. Dadurch konnten für Marinebelange hinsichtlich des Schutzes deutscher Kolonien kostengünstig wichtige Daten insbesonders entlang der Westküste Afrikas gewonnen werden.

3. Das Zustandekommen der Kerguelenroute und die Auswirkung auf die Expedition sind in Lüdecke, 1989 ausführlich dargelegt.

4. Um 1840 begaben sich die drei wissenschaftlichen Expeditionen von Dumont d'Urville (1790-1842), Charles Wilkes (1798-1877) und Sir James Clark Ross (1800-1862) zur Antarktis, um den magnetischen Südpol zu suchen. Die nächste wissenschaftlich orientierte Expedition wurde erst 1897-99 unter George de Gerlache durchgeführt.

5. Deutschland: Frhr. v. Schleinitz (1834-1910) leitete die »GAZELLE«-Expedition nach Kerguelen (1874/75), Chun besuchte 1898 während der Tiefsee-Expedition mit der »VALDIVIA« Bouvet Island und Kerguelen.
England: Ross hatte 1841 Süd-Victoria-Land und die Eisbarriere (Ross-Schelfeis) entdeckt.

6. Der allgemeine Verlauf wurde in den Reisewerken von Drygalski, 1904 und Scott, 1905 ausführlich beschrieben, so daß hier nur die wichtigsten Punkte erwähnt werden.

7. Ursprünglich war als letzter Termin der Rückreise Juni 1904 vorgesehen. Auf Anraten des Staatssekretärs des Marineamts Tirpitz wurde aber der Termin ein Jahr vorverschoben, damit die rechtzeitige Aussendung einer Hilfsexpedition bis spätestens 15.1.1904 von einem australischen Hafen gesichert wäre.

Early Discussion and Tests of the Validity of Knudsen's Hydrographical Tables

Jens Smed

During the years 1899-1901 experimental investigations of the constants of seawater were carried out in Copenhagen by a team of scientists headed by Martin Knudsen. The outcome was Knudsen's Hydrographical Tables which give, i.a., corresponding values of chlorinity, salinity, and specific gravity at 0°C. The Tables were based upon the generally accepted assumption that the composition of the salt in seawater is practically the same everywhere. It caused considerable uneasiness therefore when certain analyses at a couple of Laboratories questioned the reliability of the Tables. The International Council for the Exploration of the Sea instituted an investigation of the matter. The results of this investigation restored confidence in the Tables.

Frühe Diskussionen und Tests über die Brauchbarkeit der Hydrographischen Tabellen von Knudsen. In den Jahren 1899-1901 versuchte Martin Knudsen in Kopenhagen mit einer Gruppe von Wissenschaftlern die Konstanten des Seewassers experimentell zu bestimmen. Als Ergebnis entstanden die Hydrographischen Tabellen von Knudsen, die die entsprechenden Werte von Chlorinität, Salzgehalt und spezifischem Gewicht bei 0°C angeben. Die Tabellen basierten auf der generell akzeptierten Annahme, daß die Zusammensetzung des Salzes im Meerwasser praktisch überall gleich ist. Es enstanden daraus erhebliche Unsicherheiten, als bestimmte Analysenergebnisse in einigen Laboratorien die Zuverlässigkeit der Tabellen in Frage stellten. Der Internationale Rat für Meeresforschung veranlaßte eine Untersuchung der Angelegenheit, als deren Ergebnis die Vertrauenswürdigkeit der Tabellen wieder hergestellt wurde.

1. The Tables and their basis

It was realized early that the direct determination of the salt content of a seawater sample is a complicated and difficult process. From the analyses of seawater by Forchhammer (1865), Tornøe (1880), Schmelck (1882) and Dittmar (1884), however, it had become clear that the salt in seawater has practically the same composition regardless of the position and depth from which it orginates. To determine the salt content of a seawater sample it would therefore suffice to measure the concentration of any one of the components. The concentration of the ions of chlorine (together with the very small amounts of bromine and iodine) could easily be determined by the so-called Mohr titration. From the chlorine concentration (the chlorinity) the concentration of salt (the salinity) would then be found in multiplying by a constant, the coefficient of chlorine, a concept that was introduced by Forchhammer.

If the composition of the salts in seawater is the same, irrespective of the salinity, there must also be a constant relationship between salinity and specific gravity (density) at a fixed temperature. Tornøe (1880) introduced a concept called the coefficient of specific gravity, defined as salinity divided by specific gravity-1, and found it to be very nearly constant at a given temperature, and he concluded that the variation in the results should most probably be ascribed to errors

Abb. 1
Martin Knudsen (1871-1943)

of observation. As a check of the methods Tornøe determined the salinity of the same sample both from its chlorine concentration by titration and from its specific gravity by hydrometer measurements and found good agreement between the results.

Although it was now generally agreed that the two coefficients practically were constants there was still some disagreement with regard to the values of these constants. So there was a need for further investigations of the relation between chlorinity, salinity, and specific gravity. A number of tables had been set up by various oceanographers. Thus Martin Knudsen (1899) in his report on the hydrographic work of the INGOLF-Expedition had published tables for determination of the specific gravity of seawater, referred to distilled water at 4°, from its temperature and chlorinity. Other oceanographers, such as F.L. Ekman, Makarov and Krümmel, had published tables for reduction of the specific gravity of seawater to some standard temperature. The Conférence Internationale pour l'Exploration de la Mer at Stockholm (Anon., 1899) then decided that the relation between the quantity of halogens contained in the water and the specific gravity of the water should be carefully investigated by an experimental revision of the tables published by Knudsen; furthermore, that there was an urgent need for a revision of the tables compiled by Makarov, Krümmel and others, as well as for a definitive determination of the relationship between specific gravity and salinity.

In accordance with the decision of the Conférence these investigations were carried out at the Technical University of Copenhagen under the supervision of a committee consisting of John Murray, Knudsen, Pettersson, Nansen, H.N. Dickson and Makarov. The work was undertaken by a team directed by Knudsen. Already at the 2. Conférence Internationale (Anon., 1901) at Kristiania (Oslo) Knudsen could present the Hydrographical Tables (Knudsen, 1901) which were the outcome of the work. The Conférence decided that within the International Council for the Exploration of the Sea the ratios between salinity, density and chlorine given by Knudsen's Hydrographical Tables should be adopted, and the salinity should be calculated by the use of these Tables from the determination of chlorine or the specific gravity.

The interest taken in an accurate determination of the specific gravity is due, i.a., to the fact that knowledge of the distribution of this property of the water under certain assumptions makes possible the calculation of the currents in the ocean. This was especially important at a time when the current-meters available were primitive. The specific gravity also indicates whether the water column is stable or not. If instability occurs, i.e. dense water is overlying lighter water, mixing will take place with its consequences for the life in the sea. It may, e.g., bring nutritious water from the deep up into the euphotic zone where photosynthesis may occur.

2. The reliability of the Tables is questioned

Trusting the correctness of Knudsen's Tables hydrographers in the following years calculated the salinity of water samples by means of these tables. It caused some disturbance therefore when Thoulet (1905) maintained that the characteristics specific gravity, chlorinity and content of SO_3 of a seawater sample were independent of each other. Consequently it would not be possible to derive one of these figures from the others either graphically by means of linear relations or from tables calculated in advance, unless a rough approximation would suffice.

Thoulet's contention was based upon analyses of a great many samples collected by Prince Albert of Monaco's vessel PRINCESSE-ALICE on cruises in the North Atlantic, mainly in the Azores region, during the years 1901-1903. The analyses had been carried out by M. Chevallier in the Laboratoire d'Oceanographie at Nancy, and by L.G. Sabrou in the Laboratoire du Musée Océanographique at Monaco. Chevallier (1905) states that the results of the analyses made at Nancy and at Monaco of the same samples were in complete accordance with each other.

In an earlier paper Thoulet (1902), based upon the cruises carried out in 1901, presented for a number of samples chlorinity values determined by titration as well as by hydrometer, using Knudsen's tables. Although the mean value of the differences was well within the accucacy (0.03°/oo) established by the Stockholm Conference, the individual differences varied from -0.07°/oo to +0.07°/oo. Already here Chevallier in a footnote (Thoulet, loc. cit., p. 14) raised the question whether these deviations might indicate that waters of same specific gravity do not always contain the same quantity of chlorine or, in other words, do not have exactly the same chemical composition. If so, it would, says Chevallier, be simpler and more reliable to obtain the parameter, i.e. (specific gravity at 0°C - 1) x 1000, from measuring the specific gravity by pycnometer at 0°C, or from use of a hydrometer at t°C and undertake the reduction to 0°C graphically.

The results of the analysis of the seawater samples collected during the 1903-cruise of PRINCESSE-ALICE were published by Sabrou (1904). Of special interest here are his values of the SO_3 content. He states that the variations of the values are small and that it is not yet possible to see the relation between the values and either depth or salinity.

Chevallier (1905) discusses in more detail the relation between specific gravity and salinity of seawater. He presents a number of examples in order to show how much samples of the same specific gravity may deviate from each other with regard to chlorinity and SO_3. He also presents a graph showing the observed Cl and SO_3 contents in relation to the specific gravities. From the graph it appears, e.g., that $\sigma_0 = 28.55$ corresponds to chlorinities varying between 19.62 °/oo and 19.875 °/oo while according to Knudsen's tables the chlorinity should be 19.665 °/oo. For the same σ_0-value the SO_3 content varies from 2.285 °/oo to 2.330 °/oo.

The contention by Thoulet and his colleagues at Nancy and Monaco that it is not possible to determine salinity and σ_0 of a seawater sample unambiguously with sufficient accuracy from its chlorine content by means of Knudsen's Hydrographical Tables was not well received by the Vice-President of the International Council, Otto Pettersson. In a letter (1) to Knudsen he writes (translated from Swedish):

> »I am beginning to think that I can foresee hydrographical troubles. Now our friend Thoulet has been out, and as I told you 2 years ago the old stubborn and conceited man does not stop denying the basis of our observation system until he has got a public answer. I knew the fellow and predicted that a controversy was unavoidable. D'Arcy Thompson writes me a letter where he says that »I do not doubt that you and Knudsen have both taken this difficulty into consideration and I know of course also Dittmar's results as to the comparatively constant composition of seawater but nevertheless some of the statements made by Thoulet and Chevallier are somewhat disquieting.«
>
> Won't you take the matter into close consideration, read what Thoulet writes and inform me what you think should be done?
>
> I can inform you that on my proposal Thoulet 2 years ago sent a control sample to the Central Laboratory which was found to be absolutely wrong. Nansen who communicated this to him got a rude letter as answer. Nansen is down on the old Thoulet and will, I think, readily join issue with him. If you wish to have information about Thoulet's analyses you may get it from Nansen.«

D'Acry Thompson was not the only scientist who found the papers from the Nancy laboratory bewildering. A.J. Robertson (Scotland) in a letter (2) to Martin Knudsen asked for comments on Chevallier's paper »which attacks your hydrographic tables«. Knudsen' answer (3) was clear enough:

> »With regard to M. Chevallier, Prof. Thoulet & Co. let me first say that my opinion about the matter is completely the same now, as when the work on the determination of the constants just was finished. All of it has been considered in the work with the determinations, and if the Monaco-people would read and understand my papers: 'Berichte über die Konstantenbestimmung zur Aufstellung der hydrographischen Tabellen.' (D. Kgl. Vid. Selsk. Skrifter, 6. Rakke, naturvid. og mat. Afd. XII.1), 'Bericht über die Aufstellung der neuen hydrographischen Tabellen.' (Wissenschaftliche Meeresuntersuchung, herausgegeben von der Kommission zur Untersuchung der deutschen Meere in Kiel und der Biologischen Anstalt auf

Helgoland, Abteilung Kiel, Neue Folge, Band 6) on that subject, I think they would spare their efforts to more useful problems. The salinity is by definition deducted from the chlorine by means of the tables and does not need more words. The density can approximately be deduced from the chlorine and the approximation is good enough for our purposes.

In the last of my papers named .... I wrote (page 158): "The figure shows that the formula is sufficient, but also that from a determination of chlorine the second decimal place in σ_0 could not be expected to be quite true."«

In his reply (4) to Otto Pettersson, Knudsen goes more into details. It reads (translated from Danish):

»With regard to the Thoulet question the most likely explanation is probably that his results are based upon inaccurate analyses. That there is something right in what he writes I also found at the determination of the constants, you know, and I have given a full account of it in the report about the determinations. True, the deviations that he states having found are more than 10 times as great as those found by me, and this undeniably makes the usability of the σ_0/Cl relation disappear.

It seems to me that there might be a reason to collect a great many samples from different regions and to determine σ_0, Cl and SO_3 of each of them. In this way one would obtain a more certain knowledge as to how much the relation between σ_0 and Cl really varies, and one would in particular come to know whether it is possible to include the SO_3-determinations into the quantities characterizing the seawater. I think therefore that it would be of interest to have such a series of investigations carried out, not for the sake of Thoulet & Co., but because of the possibility of finding in SO_3 a new characterizing quantity. The results of the Monaco-people promise well in this respect.

I hope you have quieted D'Arcy Thompson; this is, I think, all that is necessary in this matter.«

Otto Pettersson is still indignant at Thoulet's procedure. In a new letter (5) to Knudsen it says (translated from Swedish):

»Thoulet's paper is an unparalleled effrontery. Nansen informed him that his Cl-determinations were wrong, and still he publishes them!

What about you writing a short summary in French in the

Monaco-publications about how
1. salinity and Cl-content are now defined,
2. how they are determined,
3. how the various waters you used for standards were in accordance with each other
- all this without mentioning Thoulet at all.«

Pettersson goes on saying that in the suggested summary by Knudsen it should be proposed that the Monaco laboratory collect 10 water samples from the Atlantic and 10 from the Mediterranean and that water from these samples be sent for analysis and control to Knudsen, Nansen and Thoulet. Cl, σ_0 and possibly SO_3 should be determined and the results should be published in the same periodical as Chevallier's paper. Pettersson asks for Knudsen's opinion this procedure.

Knudsen was not keen on being involved in a project of this type. In his reply (6) to Pettersson he writes (translated from Danish):

> »With regard to the Thoulet question I do not feel much inclined to take the field against all the misapprehensions of this sort which have turned up and assuredly will turn up again. I also think that another could do this much better than I, and is there no other who will - well, then Thoulet may cry in the wilderness. If the tables and our whole working plan cannot bear that, then they certainly are of little value. If the Central Laboratory and Thoulet could agree upon determining Cl, σ_0 and SO_3 of some water samples it would most likely be very desirable. However, I do not engage on being a participant in such a test.«

3. Investigations restore confidence in the Tables

At the annual Council Meeting held a couple of months later, in July 1905, Pettersson followed up the ideas ventilated in the exchange of letters between him and Knudsen. He put forward a proposal to investigate a number of water samples as exactly as possible with regard to contents of Cl, SO_3 and gases, as well as alkalinity and specific gravity. After a brief discussion in the Hydrographical Section of the Council a committee consisting of Pettersson, Krümmel and Nansen was nominated »to investigate the values of Cl, SO_3 and σ_0 in a series of water samples« (Anon., 1905, p. 26).

No further details about the discussion are reported in the proceedings of the meeting. However, in a letter (7) to Donald Matthews, of the Plymouth Laboratory, Knudsen wrote:

»... With regard to Mr. Chevallier's paper we have been talking it over, an the general opinion on the meeting was that the Monaco-people have not been able to carry out the analysis very well ...«

Knudsen's letter was in reply to a letter (8) in which Matthews asked what Knudsen thought of Chevallier's paper which was »discussing the Prince of Monaco's samples and proving that your tables are all wrong and that the ratio sp. gr./C°/oo is variable«. Matthews reported that in analysing water samples from the Atlantic and Indian Oceans he had tried to find a sample that would support Chevallier's contention, but hitherto without success. He very seldom got a difference of 0.02.°/oo Cl between the titration and the pycnometer methods, and the average difference was less than 0.01°/oo Cl. He went on asking whether Knudsen considered the matter to be of sufficient interest to justify the preparation of a separate paper - for printing in the Council's Publications de Circonstance or elsewhere. Matthews was at that time working on a report based upon Stanley Gardiner's seawater samples from the Atlantic and Indian Oceans. He thought however, that his publishing of a few of the analyses of Gardiner's Indian Ocean results before the full report was ready would meet with no objection from Gardiner.

Although Knudsen (7) asked Matthews to prepare the paper as soon as possible the plan did not materialize. The reason, given in a letter (9) from Matthews to Knudsen, shows something about the communication difficulties of the time:

».... I cannot publish any of the determinations of Cl to σ_0 for the Indian Ocean until I hear from Mr. Gardiner. I believe he is at present on a coral reef which is seldom visited, and unless the Admiralty can help me I shall not be able to get a letter from him for six months ....«

Contributing to Matthews giving up his plan to write a paper on the matter may also have been that the Thoulet-people in reality withdrew their contention that there is no unambiguous relationship between specific gravity and chlorine content of seawater. This became clear from a paper by Allemandet (1905) in which he reports on his analyses of the seawater samples collected by PRINCESSE-ALICE during 1904. Allemandet did find a difference between the specific gravity determined by the Knudsen method and by pycnometer. However, the difference was as small as 0.00005, and that was about the accuracy (0.00004) required in the Stockholm programme.

In the meantime the committee set up by the Council to deal with the question continued its work. A report (Anon., 1906, p. 46) describes the organization of the project. 14 water samples should be collected at various regions and depths. The analysis of the samples would be carried out in the Council's Central Laboratory at Kristiania and in the hydrographical laboratories of Helsingfors, Kiel, Monaco and Nancy.

The insistence on a geographical and vertical spread of the sampling was due to the fact that the Hydrographical Tables were based exclusively upon investigation of samples of surface water, and only a few of them originated from the ocean proper. The project should avoid this drawback.

At the Council meeting in August 1909 the Committee, on which Homén from Helsingfors had now replaced Nansen, submitted to the Hydrographical Section a protocol on the determinations carried out in the various laboratories involved (Anon., 1910, p. 50). The Committee regarded these determinations as sufficient and its commission as ended. The Section charged Prof. Krümmel with the task of getting the parallel determinations summarized in a report to be compiled by Dr. Ruppin at Kiel.

Finally, at the meeting in September 1910 of the Hydrographical Section Krümmel informed (Anon., 1911, p. 50) the members that the Report summarizing the parallel determinations of the values of Cl, σ_0 and SO_3 of the samples had now been completed by Ruppin (1910). The determinations had fully confirmed the reliability of Knudsen's Tables. Also the ratio SO_3 : Cl was found to be virtually constant. Ruppin had furthermore made a recalculation of the older determinations by Tornøe and Dittmar and had found an extremely good agreement between all the measurements. The confidence in Knudsen's Tables had been restored.

Literature

Allemandet, G.H., 1905: Analyses des échantillons d'eau de mer recueillis pendant la Campagne du yacht "Princesse-Alice" en 1904. - Bull. Musée Océanogr.Monaco, No. 43.
Anon., 1899: Conférence Internationale pour l'Exporlation de la Mer, réunie à Stockholm 1899.
Anon., 1901: 2. Conférence Internationale pour l'Exploration de la Mer réunie à Kristiania 1901.
Anon., 1905: Rapp. P.-v. Réun. Cons. perm. int. Explor. Mer, IV, part C.
Anon., 1906: Rapp. P.-v. Réun. Cons. perm. int. Explor. Mer, VI, part C.
Anon., 1910: Rapp. P.-v. Réun. Cons. perm. int. Explor. Mer, XII, part B.
Anon., 1911: Rapp. P.-v. Réun. Cons. perm. int. Explor. Mer, XIII, part B.
Anon., 1911: Rapp. P.-v. Réun. Cons. perm. int. Explor. Mer, XIII, part B.
Chevallier, M., 1905: Relation entre la densité et la salinité des eaux de mer.- Bull. Musée Océanogr. Monaco. No. 31.
Dittmar, W., 1884: Report on the scientific results of the exploring voyage of H.M.S. Challenger. Physics and Chemistry, 1. HMSO, London.
Forchhammer, J.G., 1865: On the composition of seawater, at different depths, and in different latitudes. - Proc. Roy. Soc., 155, 203-262.
Knudsen,M., 1899: Hydrography. In: The Danish "Ingolf"-Expedition, vol. I, part 2, 22-161.
Knudsen, M., 1901: Hydrographical Tables. Copenhagen.
Ruppin, E., 1910: Bericht über das Verhältnis der Cl-, SO und σ_0-Werte in einer Reihe von 14 verschiedenen Meerwasserproben gemäß den in den Laboratorien zu Helsingfors, Kiel, Kristiania, Monaco und Nancy erhaltenen Resultaten.- Publ. Circ. Cons. perm. int. Explor. Mer, No. 55.

Sabrou, L.G., 1904: Analyses des échantillons d'eau de mer recueillis pendant la Campagne du yacht "Princesse-Alice" en 1903. - Bull. Musée Oceanogr. Monaco, No. 18.
Schmelck, L., 1882: On the solid matter in seawater. In: The Norwegian North-Atlantic Expedition 1876-1878, vol. I Chemistry.
Thoulet, J., 1902: Etude des échantillons d'eaux et de fonds récoltés pendant la campagne du yacht "Princesse-Alice" dans l'Atlantique Nord en 1901. - Résultats des Campagnes Scientifiques du Prince de Monaco, Fasc. XXII.
Thoulet, J., 1905: Mémoires océanographiques. Première série. - Résultats des Campagnes Scientifiques du Prince de Monaco, Fasc. XXIX.
Tornøe, H., 1880: On the amount of salt in the water of the Norwegian Sea. In: The Norwegian North-Atlantic Expedition 1876-1878, vol.I. Chemistry.

Archival matter

The letters referred to in this paper are kept in the archives of Kommissionen for Danmarks Fiskeri- og Havunder-søgelser, now delivered to Rigsarkivet (The Danish Record Office). The letters are found under the reference F.27-210, D.2. They are:

1. Letter of 1 May 1905 from Otto Pettersson to Martin Knudsen.
2. Letter of 27 April 1905 from A.J. Robertson to Martin Knudsen.
3. Letter of 1 May 1905 from Martin to A.J. Robertson.
4. Letter of 3 May 1905 from Martin Knudsen to Otto Pettersson.
5. Letter of 6 May 1905 from Otto Pettersson to Martin Knudsen.
6. Letter of 9 May 1905 from Martin Knudsen to Otto Pettersson.
7. Letter of 25 July 1905 from Martin Knudsen to Donald Matthews.
8. Letter of 15 July 1905 from Donald Matthews to Martin Knudsen.
9. Letter of 30 July 1905 from Donald Matthews to Martin Knudsen.

Die Überfischung der Nordsee - ein historischer Überblick des Konfliktes zwischen Politik und Wissenschaft

Walter Lenz

Seit der Industrialisierung der Nordseefischerei gibt es Anzeichen unterschiedlichen Ausmaßes, daß die Nordsee überfischt wird. Wurde früher bereits ein Rückgang in den Fangerträgen dafür verantwortlich gemacht, muß heute erst ein ganzer Bestand verschwunden sein, um den letzten Skeptiker zu überzeugen, daß es nicht andere Gründe gewesen sind.

Der Streit um die richtigen Argumente und Schutzmaßnahmen wird exemplarisch für die Zeit zwischen der Gründung des Deutschen Fischerei-Vereins 1870 und der des Internationalen Rates für Meeresforschung (ICES) 1902 nachgezeichnet. Obwohl seitdem die Zusammenhänge, die logischerweise zu einer Überfischung führen müssen, wissenschaftlich erkannt worden sind, bevorzugt die Fischereipraxis statt einer restriktiven Regulierung lieber innovative Maßnahmen zur Steigerung der Fangerträge, wie in letzter Zeit die Industriefischerei. Ein Vergleich der heute unter deutschen Fischereiwissenschaftlern dazu vertretenen Standpunkte rundet das Bild ab.

The overfishing of the North Sea - an historical view on the conflicts between politics and science. Since industrialization of North Sea fisheries, symptoms of overfishing have been recognized in varying extent. While in former times a decrease in catch was already made responsible for it, today a whole population has to disappear before the last sceptic is convinced that there are no other reasons for it.

By way of example, the disputes on arguments and regulations are exemplarly drawn from the time between the foundation of the Deutscher Fischerei-Verein in 1870 and the foundation of the International Council for the Exploration of the Sea (ICES) in 1902. Although meanwhile the connections are scientifically known which consequently lead to overfishing, the fisheries avoid restrictive regulations and concentrate on innovative measures to increase the catch as for example recently by introducing industrial fishery. How German fishery scientists think about it today forms the end of this paper.

1. Einleitung

Das Thema der Überfischung der Nordsee ist benahe so alt wie die moderne Nordseefischerei selber, die mit der Erfindung des Schleppnetzes - von Südengland ausgehend - ihren Anfang nahm. Der gefangene Fisch, der vorher überwiegend der armen Bevölkerung an den Küsten als billige Nahrung diente, gewann mit der rapide anwachsenden Industrialisierung seit Mitte des 19. Jahrhunderts sehr schnell eine große Bedeutung - er wurde insbesondere ein Segen für die Arbeiter. Durch die Kapitalisierung dieses neuen Erwerbsfeldes - vorrangig küstenferne Geldgeber investierten in den Bau von Fangflotten - entwickelte sich die Nordseefischerei in wenigen Jahrzehnten zu einem eigenen Industriezweig.

Befürchtungen einer Überfischung wurden nicht nur geäußert, sondern es wurden auch Ursachen dafür benannt. Die Diskussion darüber hatte in der weiteren Folge ganze Generationen von Fachleuten beschäftigt, die sich entweder selbst dazu berufen fühlten oder aber von Auftraggebern darauf angesetzt worden waren. Zur Rettung der Nahrungsquelle Fisch gab es im Verlaufe von über 100 Jahren vielfältige Vorschläge. Die wenigen beschlossenen Regulierungen zeigten sich allerdings als nicht effektiv genug, so daß jetzt drastischere Maßnahmen überlegt werden. So meldete das Hamburger Abendblatt am 20.11.1990 »Dramatischer Rückgang der Fischbestände. Kommt das totale Fangverbot?«. Im Dezember 1990 hatte der EG-Ministerrat das dann zwar noch nicht beschlossen, aber sicherlich wird es zu einer weiteren Einschränkung der Fischereiaktivitäten kommen - und sei es auch ohne verordnete Verbote, da es immer weniger Konsumfisch in der Nordsee zu fangen gibt.

Angesichts der als gescheitert zu bewertenden Bemühungen, den Ertrag an Konsumfischen aus der Nordsee auf einem optimalen Niveau zu halten, stellt sich die Frage, warum es nicht möglich war und ist, dieses Ziel zu erreichen. Liegt das Interesse der kommerziellen Fischerei, möglichst schnell viel zu fangen, im Widerspruch zu dem Interesse staatlicher Stellen, den Ertrag auch langfristig zu sichern? Haben diese Stellen überhaupt einen solchen Ansatz, was z.B. von Fritz Thurow (1990) bezweifelt wird? Haben die zu Rate gezogenen Wissenschaftler, die aus diesem Konflikt für ihr eigenes Metier selbst viel gewonnen haben, als dritte Kraft versagt, die richtigen Erkenntnisse zu erzielen und zu vertreten, um einen Ausgleich zwischen den Bestrebungen nach schnellem bzw. langfristigem Ertrag zu erreichen? Reichten ihre Kenntnisse für eine objektive Beurteilung nicht aus, oder waren sie bereits im Ansatz voreingenommen?

Eindeutige Antworten auf diese Fragen sind wegen ihrer Komplexität wohl kaum zu finden. Stattdessen wird nachfolgend der Überfischungsstreit im Spannungsfeld zwischen Fischern, Fischereiindustrie, Staat und Wissenschaft in seiner Anfangsphase nachgezeichnet. Auch später ist die Überfischungsfrage immer wieder von anerkannten Fischereiwissenschaftlern kontrovers behandelt worden (z.B. Kyle 1928; Russell, 1942; Meyer 1947). Die Lösung der Problematik ist aus wissenschaftlicher Sicht inzwischen gelungen und wurde z.B. von Cushing (1988) dargestellt. Welche Positionen in neuerer Zeit im Umgang mit der Überfischungsfrage von deutschen Fischereiwissenschaftlern bezogen werden, darauf wird im letzten Abschnitt etwas näher eingegangen.

Es liegt nahe, von einer historischen Behandlung der Überfischungsproblematik zu erwarten, daß sie auf die Entwicklung der fischereiwissenschaftlichen Erkenntnisse eingeht und im Einzelnen diskutiert. Dieser Weg wird jedoch nicht beschritten, weil zum einen bereits Cushing ausführlich darauf eingegangen ist, und zum anderen die Vielfalt der beteiligten Faktoren in ihren Wechselbeziehungen für Fachfremde kaum durchschaubar gemacht werden können. Als interne Faktoren werden die artspezifischen populationsökologischen Kennwerte wie Vermehrungsrate, Laichaufkommen, Larvenzahlen, Jahrgangsstärke, Sterberaten, Lebenserwartung und Rekrutierungsrate bezeichnet. Äußere sind Nahrungsangebot, Feinde, klimatische Bedingungen im Lebensraum und vieles mehr. Statt allerdings die Grenzen der Überschaubarkeit der vielfältigen Wechselwirkungen dieser Faktoren im Prinzip zu akzeptieren, werden nach wie vor immer weitere Untersuchungen gefordert (Rat von Sachverständigen für Umweltfragen, 1980).

Der Reiz dieser Untersuchung liegt in dem Versuch herauszustellen, daß die Bewirtschaftung der Nahrungsquelle Fisch in der Nordsee nicht nur eine wissenschaftliche Frage ist, sondern von Anfang an auch eine politische war.

2. Erste Reaktionen auf den Rückgang von Fangerträgen in der Nordsee

Bereits Anfang der 50er Jahre des letzten Jahrhunderts beklagten Fischer in England, daß die Fischgründe in Küstennähe durch ständige Befischung erschöpft würden, und daß sie deshalb immer entferntere Gebiete aufsuchen müßten.

Diese Entwicklung war eine Folge der Erfindung der Dampfkraft. Sie machte es zum einen möglich, die schon seit langem in Südengland eingeführte Fangmethode des Schleppnetzes (Trawl) mit maschineller Kraft zu betreiben (Abb. 1) und zum anderen, den gefangenen Fisch auf dem neuen Transportmittel Eisenbahn frisch auf die Märkte der Großstädte im Binnenland zu bringen. Um den Fisch dabei frisch zu halten, brauchte man sehr große Mengen an Eis, das dank einer weiteren Erfindung, nämlich der künstlichen Herstellung von Eis, ermöglicht wurde.

Da die Klagen zunahmen und als Gründe die Vernichtung von Fischlaich und von Jungfischen durch die Trawlfischerei benannt wurde, setzte man in England eine königliche Kommission zur Untersuchung dieses Problems ein. Die Kommission bestand aus den Professoren Thomas Henry Huxley (1825-1895) und Playfair sowie dem Oberst Maxwell. Sie stellten entschieden in Abrede, daß das Trawlen zu einer Vernichtung der Fische oder zu einer Überfischung geführt hät-

Abb. 1
Das unersättliche Riesenmaul -
Hochseedampffischer mit Schleppnetz (Mohr, 1926)

te. Vielmehr empfahlen sie nach einer Überprüfung der in England bestehenden Fischereigesetze,

> »...daß alle Parlamentsakte, welche die in der offenen See betriebene Fischerei zu regeln oder einzuschränken beabsichtigen, widerrufen würden, und daß in der Folge unbeschränkte Freiheit für den Fischereibetrieb herrschen sollte«, und weiter »Der Fischer sollte ermutigt werden, zu fischen, wo es ihm beliebt, wann es ihm beliebt und wie es ihm beliebt.« (Kyle, 1929: 50)

Diese Stellungnahme wurde als »Magna Charta des Fischermannes« bezeichnet. Die Sea Fisheries Act von 1868 hob dann auch alle bisherigen Restriktionen auf, zu denen bis dahin auch bestimmte Mindestmaschenweiten gehört hatten. Als Folge davon dehnte sich die englische Fischereiaktivität in der Nordsee schnell weiter aus (Abb. 2).

In Deutschland meldete sich bald darauf erste Besorgnis über die schädigende Wirkung englischer Trawler. Der 1870 gegründeten Deutschen Fischerei-Verein verbreitete in einer seiner ersten Schriften:

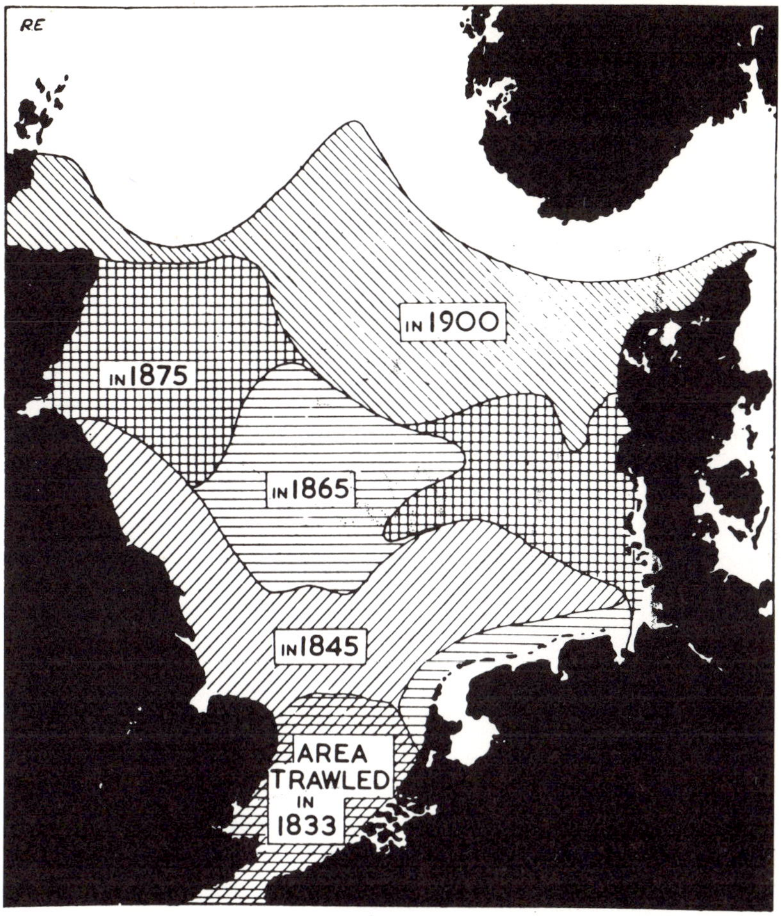

Abb. 2
Ausdehnung der englischen Schleppnetzfischerei in die Nordsee im Laufe des 19. Jahrhunderts (Lundbeck, 1977, 707).

»In einem uns mitgetheilten Briefe aus Helgoland - damals noch englisch - wird lebhafte Klage darüber geführt, dass die im Westen und Norden dieser Insel häufig mit mehr als 300 Fischerböten kreuzenden englischen Fischer ihr Gewerbe ohne jegliche Schonung der jungen Brut ausübten. Insonderheit wird den englischen Fischern der Gebrauch engmaschiger Netze zum Vorwurf gemacht. Bei dem Mangel eines, die Ausübung der Fischerei dort regelnden internationalen Vertrages sehen wir zwar nicht ein, wie diesem Uebelstande wirksam abzuhelfen sei; wir haben indessen nicht versäumen wollen, die erwähnte Beschwerde hier zur weiteren Kenntnis zu bringen.« (Anonym, 1873: 246)

Mit der Verbreitung dieser Nachricht war sicherlich beabsichtigt, auf den Umstand hinzuweisen, daß Engländer mit großem Aufwand den Fisch vor der deutschen Küste wegfingen, und daß dagegen die deutsche Fischerei zu unbedeutend war, um sich dort ebenfalls maßgeblich an dem Fang zu beteiligen.

Bekanntlich ist die Gründung des Deutschen Fischerei-Vereins mit der Absicht geschehen, eine Fischerei in Deutschland und an seinen Küsten aufzubauen. Diese Initiative war nicht staatlich angeordnet worden, sondern sie wurde von einer Gruppe weitsichtiger und einflußreicher Personen in Berlin gegründet (Meyer-Waarden, 1970). Um den preußischen Staat für diese Frage zu interessieren, bemühten sie sich zunächst um die Einsetzung einer wissenschaftlichen Kommission zur Untersuchung der deutschen Meere im Interesse der Fischerei mit Sitz in Kiel. Die von dem Kieler Professor Victor Hensen (1835-1924) geleitete Kommission stellte sich folgende Aufgaben:

1. Untersuchung der Hydrographie
2. Untersuchung des zoologisch-botanischen Materials am Meeresboden
3. Statistische Erfassung der angelandeten Fische.

Da die Fischereiaktivitäten aller Nordsee-Anrainerstaaten und damit auch die Konflikte rapide zunahmen, wurde 1882 eine Nordsee-Konvention unterzeichnet, in der die 3-Meilen-Zone als Territorialgewässer anerkannt, die Registrierung aller Fischerboote vorgeschrieben, Regelungen von Konflikten beim Fang mit unterschiedlichem Gerät sowie der Einsatz von Fischereischutzbooten vereinbart wurde. Norwegen und Schweden verweigerten die Ratifizierung, weil sie auf einer 4-Meilen-Zone bestanden - heute ist ihnen das zugestanden, Schweden sogar 12 sm.

Im folgenden Jahr organisierten die verschiedenen regionalen englischen Fischereiorganisationen in London eine gemeinsame internationale Fischerei-Ausstellung. Sie wurde eröffnet von Huxley. Er stellte in seiner Rede die Frage, ob Fischereigebiete erschöpft werden könnten, und antwortete, daß unter der Annahme gleichbleibender Fischereiintensität zumindest bei Kabeljau, Hering und Makrele eine Erschöpfung nicht möglich sei. Er begründete diese Aussage mit den Beispielen, daß allein ein einzelner Kabeljau-Schwarm bei den Lofoten aus mehr Fischen bestünde, als dort in einem ganzen Jahr gefangen würden, und beim Hering würde der Mensch weniger als 5% von dem fangen, was der Kabeljau an Hering wegfräße (Huxley, 1884).

Unbeeindruckt von dieser Bewertung des Problems riß in England der Streit über eine Überfischung nicht ab. Er wurde ausgetragen zwischen Leinen- und Netzfischern auf der einen Seite und Trawlfischern auf der anderen. Der erste von der Kieler Kommission ausgebildete deutsche Fischereibiologe Friedrich Heincke (1852-1929) schilderte 1886 in einem Bericht über diese Auseinandersetzungen:

»Einige Heißsporne prophezeien sogar, daß bei weiterer Fortsetzung und Ausdehnung der Trawlfischerei die Nordsee binnen Kurzem ein armes und todtes Meer sein werde.« (Heincke, 1886: 74)

Um solchermaßen zum Ausdruck gebrachten Befürchtungen entgegenzukommen, wurde 1883 in England erneut eine Kommission unter Beteiligung von Huxley, George Stewardson Brady (1832-1921) und William C. McIntosh (1838-1931; University of St. Andrews, Schottland) eingesetzt. Hatte die erste Kommission mehr auf der Basis einer gefühlsmäßigen Erfassung der Problematik entschieden, wurden jetzt gezielte Untersuchungen angestellt. Dazu nahm McIntosh als Beobachter an einigen Ausfahrten von Trawlern teil. Auch wurde eine große Anzahl von Fischern, Fischerei-Reedern, Fischhändlern und Fischereiaufsehern befragt. Zusammengefaßt kam die Kommission sinngemäß zu folgender Bewertung (Heincke, 1886):

1. Zwar werden nur relativ wenig Jungfische gefangen, aber dennoch sollte die Maschenweite der Netz-Steerte vergrößert werden.

2. Fischlaich kann nicht vernichtet werden, weil die Eier der meisten Nutzfische in Oberflächennähe schwimmen.

3. Das wiederholte Trawlen auf ein und demselben Grunde ist sehr schädlich und führt zu einer völligen Erschöpfung des Fischgrundes. Jedoch werden die Fischer aus ökonomischen Gründen die Fangplätze vorher verlassen, so daß eine Erholung der Bestände einsetzt.

4. In Küstenregionen ist in der Tat ein Rückgang der Fischbestände und eine Abnahme der Durchschnittsgrößen zu beobachten - verursacht durch Überfischung. Große Sorge ist aber nicht angebracht, weil die Bestände sich schnell erholen würden, wenn nur eine vernünftige Regulierung der Ausbeute eingeführt wird. Entsprechend wird ein Verbot des Trawlens im Firth of Forth und in der Bucht von St. Andrews und Aberdeen empfohlen und daraufhin auch beschlossen.

5. Auf den Fischgründen der hohen See ist dagegen keine Abnahme zu beobachten, sondern eher eine Zunahme. Plötzliche Verarmung von Fischgründen ist nicht den Fischereiaktivitäten zuzuschreiben, sondern Änderungen der Natur des Meeres wie der Temperatur oder in der Meeresströmung.

Die letzte Aussage könnte aus heutiger Sicht als Zweckbehauptung interpretiert werden, denn in der Tat bringt das Befischen neuer Gebiete zunächst immer positive Ergebnisse. Jedoch ist eine solche Motivation nicht belegt. Auch die Vermutung, daß Änderungen der Umwelt eine Abnahme des Fischvorkommens begründen könnten, war damals neu und noch nicht strapaziert.

Heincke interessierten diese Ergebnisse in hohem Maße, sollte doch die deutsche Hochseefischerei weiter intensiviert werden, und beruhigend konnte er berichten, daß die Kommission zu dem Schluß gekommen war, daß die Seefischerei eine Zukunft hätte. Allerdings müßte sie nach Meinung der Kommission durch wissenschaftliche Untersuchungen sowie durch eine genauere Fischereistatistik begleitet werden. Für letztere gab es damals allerdings noch keine einheitlichen Kriterien, so daß die Angaben aus den verschiedenen Ländern nicht vergleichbar waren, worauf auch 1888 das Ausschußmitglied des Deutschen Fischerei-Vereins Moritz Lindeman (1823-1908) in seiner umfangreichen Monographie über Fischereistatistik bedauernd hinwies.

Im Jahre 1887 unternahm Friedrich Heincke als gerade - wenn auch nur im Nebenamte - berufener Leiter der wissenschaftlichen Arbeit der 1885 von Walther Herwig (1838-1912) gegründeten Sektion für Küsten- und Hochseefischerei des Deutschen Fischerei-Vereins in derem Auftrag eine Informationsreise nach Dänemark, Schweden und Ostpreußen. Er berichtete darüber wie folgt:

> »Es ist eine Freude zu sehen, wie jetzt fast überall im Umkreis von Nord- und Ostsee die Bestrebungen für die Ausnutzung der großen Schätze des Meeres von Tag zu Tag lebendiger werden, wie im edlen Wettbewerb die einzelnen Nationen einander zu überholen und gleichzeitig von einander zu lernen versuchen. Es festigt sich die Überzeugung, daß gewisse Vorbedingungen für eine rationelle Ausbeutung des Meeres nur durch eine gemeinsame, internationale Arbeit erfüllt werden können. Zu diesen Vorbedingungen gehört vor allem die wissenschaftliche Erforschung des Lebens im Meer.«

Er erwähnte in seinem Bericht aber auch

> »...daß hervorragende Autoritäten in der Meeres- und Fischkunde - wenn man überhaupt von Autoritäten auf einem so dunklen Gebiet sprechen kann - der Ansicht sind, das Meer sei unerschöpflich für die Menschen, sie verwerfen auch den kleinsten gesetzgeberischen Eingriff in die Freiheit der Fischerei.« (Heincke, 1887: 168)

Dieser Ansicht wurde ein Jahr später in den Mittheilungen der Sektion für Küsten- und Hochseefischerei die Meldung entgegengesetzt, daß der belgische Kabeljaufang von 11.400 Tonnen im Jahre 1874 auf 1.000 Tonnen in 1886 zurückgegangen wäre.

In demselben Heft veröffentlichte Heincke einen recht widersprüchlichen Artikel über die Notwendigkeit wisssenschaftlicher Forschungen im Dienste der Seefischereien (Heincke, 1888). Er hob zum einen die Bedeutung einer reinen

Wissenschaft vom Meere hervor, schränkte dann aber in bezug auf die Fischerei ein, daß nur solchen Forschungen ein Interesse entgegengebracht werden könne, deren Ergebnisse geeignet seien, die praktischen Bestrebungen auf dem Gebiet der deutschen Seefischerei möglichst unmittelbar zu fördern. So hielt er eine wissenschaftliche Untersuchung über die Schädlichkeit des Trawlfischens solange nicht für notwendig, als eine wirkliche Abnahme des Fischbestandes in der Nordsee nachgewiesen werden könne.

Den Hintergrund für diesen Standpunkt gab er selber an. Er trat nämlich dafür ein, mehr deutsche Trawlfahrzeuge zu entsenden. Im weiteren Verlauf des Artikels stellte er dann Argumente zusammen, um eine biologische Meeresforschung im großen Maßstab zu initiieren. Als Quintessenz läßt sich daraus ableiten, Meeresforschung ja - aber bitte nicht zum Nachteil der sich im Aufbau befindlichen deutschen Seefischerei.

Heincke war damals noch nicht Direktor der Biologischen Anstalt auf Helgoland - die es noch gar nicht gab -, sondern Lehrer in Oldenburg und im Nebenamte wissenschaftlicher Berater von Herwig, dem »Vater der deutschen Küsten- und Seefischerei«, wie er in seinem Nachruf genannt wurde (Ehrenbaum & Lübbert, 1913). Es darf wohl vermutet werden, daß er sich damit für einen fischereiwissenschaftlichen Posten im Hauptamt qualifizieren wollte.

Als erneut schottische Untersuchungen über die Abnahme des Fischbestandes in Küstennähe bekannt und als Ursache dafür überhöhte Fischereiaktivitäten sowie die Vernichtung von Jungfischen für landwirtschaftlichen Dünger benannt wurden, hielt Heincke diese Aussagen auch für deutsche Verhältnisse zutreffend. Er betonte aber ausdrücklich, daß sie nur für die Küstengewässer Geltung hätten und nicht der geringste Anlaß bestünde,

> »...uns in dem Bestreben nach möglichster Ausdehnung unserer Hochseefischerei irre machen zu lassen.« (Heincke, 1889: 21).

Er entsprach mit einer solchen Aussage wiederum den Ambitionen von Herwig. Dieser trug anläßlich der Generalversammlung des Deutschen Fischerei-Vereins 1889 im Reichstagsgebäude in Berlin unter Anwesenheit von General-Feldmarschall Helmuth Graf Moltke (1800-1891) und weiteren Militärs einen neuen Aspekt für die Förderung der deutschen Seefischerei vor:

> »...indem sie einen großen Theil der ausgebildeten Mannschaft der Flotte berufsmäßig an die Küste binde, verleihe sie der Marine eine Schlagfertigkeit, wie sie so leicht, sicher und kostenlos einzig auf diesem Weg herbeigeführt werden könne« (Anonym, 1889: 88).

Heute ist unter Historikern unumstritten, daß die Seekriegserfolge der Holländer und Engländer auf dem Potential ihrer Fischer fußten.

4. Die Internationalisierung des Überfischungsproblems

Begründet durch die Abnahme der Fangerträge (Tab. 1) gab es Ende der 80er Jahre in England und Schottland keinen Fischer mehr, der nicht die Verarmung der Fischgründe in der Nordsee beklagte und insbesondere auf die Vernichtung des Nachwuchses der Plattfische in den Wattengebieten Dänemarks, Deutschlands und Hollands hinwies. Da das Problem national nicht zu lösen war, wurde die 1882 gegründete National Sea Fisheries Protection Association beauftragt, den Britischen Staat dazu zu bewegen, mit den anderen Nordsee-Anrainerstaaten über ein Fangverbot von noch nicht geschlechtsreifen Fischen zu verhandeln. Als eigene Vorleistung beschloß die Association, ihre Fischer und Fischfang-Kompanien nicht mehr vor der dänischen und deutschen Küste - östlich von 7°30' E und zwischen 56° - 53°50 N -trawlen zu lassen (Abb. 3).

Tabelle 1
Abnahme des jährlichen Fangertrages (t pro Boot)
der englischen Schleppnetz-Fischer 1860-92
(Lundbeck, 1977: 622; nach Garstang, 1900)

	"prime"	plaice	haddock	rough	total
1860-67	12	45	37	2	96
1875-84	4	19	30	3	56
1885-92	3	11	23	4	41

("prime" = bestbezahlte Plattfische; plaice = Scholle;
haddock = Schellfisch; rough = Rest)

Nach zwei Fangsaisonen brach diese selbst auferlegte Enthaltsamkeit aber bereits wieder zusammen. Und da die Fischereiabteilung im Handelsministerium in London sich nicht so recht hinter die Interessen der Association stellte, lud sie selbst 1890 zu einer (inoffiziellen) internationalen Konferenz ein, um über Maßnahmen zum Schutz und zur Förderung der Fischerei in exterritorialen Gewässern zu diskutieren. Belgien, Dänemark, Deutschland, Frankreich, Holland und Spanien schickten je einen Repräsentanten. Für Deutschland nahm Victor Hensen an der Konferenz teil. Auf der britischen Seite waren über 50 Personen, meist einflußreiche Fischer bzw. Vertreter von Kompanien, aber auch Wissenschaftler wie Joseph Thomas Cunningham (1859-1935) und McIntosh anwesend.

Das mitstenographierte Protokoll dieser zweitägigen Tagung dokumentiert in eindrucksvoller Weise, wie in damaliger Zeit diskutiert und mit welchem Ge-

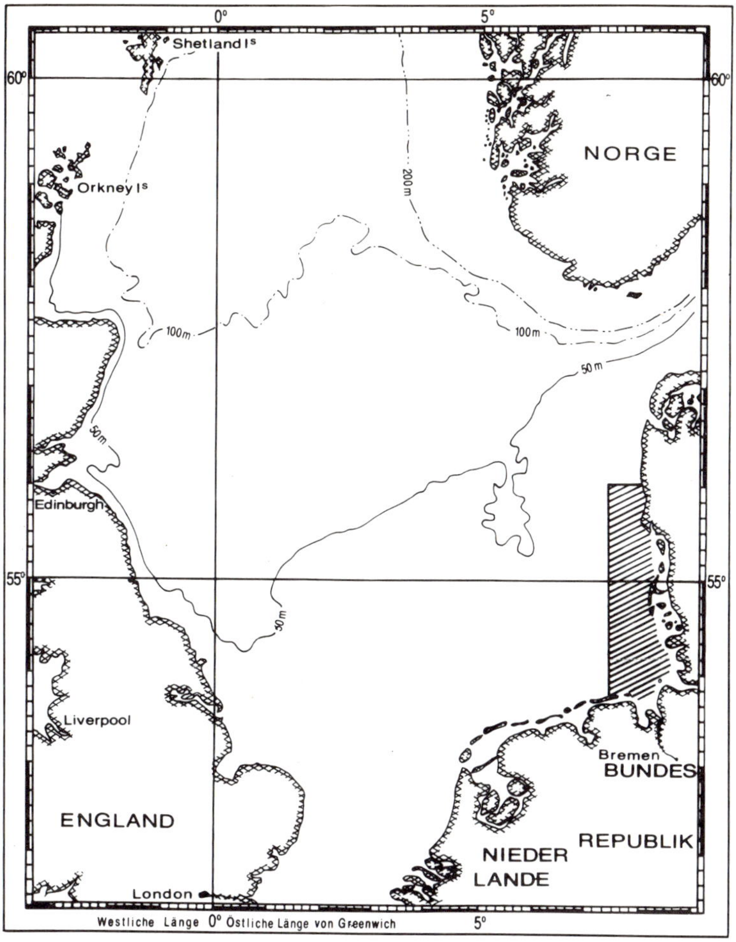

Abb. 3
Das von England vorgeschlagene Schongebiet in der Deutschen Bucht

schick die Verhandlung geführt wurde, aber auch wie offen Meinungen vorgebracht wurden. Z.B. forderte der belgische Vertreter von England, daß dieses mächtige Land doch eine Million Sterling weniger in Kriegswaffen stekken und statt dessen der Erforschung der Wanderung und der Lebensweise der Fische zur Verfügung stellen sollte.

Nach dem Protokoll hatte sich Hensen nur einmal zu Worte gemeldet, und zwar wie folgt (in Klammern stehen jeweils die vom Protokollanten oder vom Setzer falsch wiedergegebene Worte):

> »Wenn eine so mächtige Gesellschaft wie die der National Sea Fisheries Protection Association vorangeht in der Absicht, der nothleidenden

Fischerei zu Hülfe zu kommen, so kann ein, in Bezug auf Fischerei so kleiner Staat wie Deutschland nur mit Vergnügen (Vergübgen) Folge leisten. So bin ich hierher gesandt worden um die Erklärung abzugeben dass wir uns über die bestehenden Bedürfnisse unterrichten und ein allgemeingültiges (gültiezer) Urtheil gewinnen wollen. Wir wünschen in der That zu wissen, wie nothwendig Maassregeln für die Einschränkung der Fischer sind, wie gross der wirkliche Verlust der Fischerei durch das Wegfangen von kleinen Fischen ist, und ob wirklich Zahlen vorliegen, nach denen man schliessen kann, dass die Laichfische (Flaihfisihe) jährlich in Folge des zu starken Wegfangens kleiner Fische abnehmen. Dies sind Fragen, welche gewiss nur mit Hülfe der grossen Erfahrungen, welche England darin besitzt, gelöst werden können. Sicher kommen manche andere Maassregeln in Betracht, namentlich auch die, welche der Herr Präsident schon andeutete, ob für die Laichfische ein Schutz zu gewinnen sei; denn die Ansicht in Deutschland ist, dass gerade durch das Zerstören laichender Fische viel mehr geschadet wird, als durch das Wegfangen der Fischbrut. Ich erlaube mir daher die Erklärung abzugeben, dass wir der an uns ergangenen Einladung dankend Folge geleistet haben.« (Anonym, 1890: 7)

Auf der Konferenz wurden 14 Vorschläge zum Beschluß vorgelegt, die auf englischen Vorkonferenzen formuliert worden waren. Einer davon hatte zum Inhalt, den besagten Küstenstreifen vor Dänemark und Deutschland zum Schongebiet zu erklären. Zur Abstimmung aber kam keiner dieser Vorschläge. Das hatten die Repräsentanten der anderen Staaten mit dem Hinweis zu verhindern gewußt, sie seien wissenschaftlich noch viel zu wenig fundiert.

Auf der im September 1890 in Bremen abgehaltenen Seefischerei-Versammlung berichtete der Vorsitzende Walther Herwig über die Konferenz in London. Das Protokoll gibt diesen Bericht wie folgt wieder:

»Es seien zwei Anträge zur Verhandlung gekommen. Der erste, unbedeutendere habe sich mit dem Verbot des Verkaufs untermaßiger Plattfische beschäftigt, der zweite sei dahin gegangen,... (besagtes Gebiet) ...als Brutplatz zu behandeln. Da die westliche und südliche Grenze etwa in Spiekeroog zusammentreffe, so würde nach diesem freundnachbarlichen Vorschlag nahezu die ganze vor der deutschen Küste liegende Nordsee in das zu bildende Schonrevier einbezogen. Der vortrefflichen Vertretung durch Professor Hensen sei es mitzudanken, daß der ungeheuerliche Antrag nicht zur Abstimmung gekommen sei... die Sache (lehre) zweierlei: Zunächst müßten wir trachten, unseren Antheil an der Nordseefischerei, so schnell und so umfangreich dies nur irgendwie angehe, zu vermehren, damit, wenn wirklich der Zeitpunkt einmal kommen sollte, wo Schonmaßregeln in der Nordsee durch internationale

Abmachungen sich nicht mehr vermeiden ließen, Deutschland nach seiner Seefischerei gemessen, nicht mehr wie der Zwerg neben Riesen stehe... Die zweite Lehre sei, daß man zurückhaltender mit den Klagen über die Nachteile gewisser Betriebsarten und über den Rückgang der Fischbestände sein möge... könnten sie für die ausländischen Agitationen...den dankbarsten Stoff abgeben und der Entwicklung unserer Fischerei daher bittern Schaden zufügen. (Lebhafter Beifall)« (Lindeman, Heincke & Ehrenbaum, 1890: 145)

Heincke unterstützte diese Sichtweise mit den Worten »...selbst auf die Gefahr hin, zur Überfischung der Nordsee beizutragen«. Diese Vorgehensweise fand lebhaften Beifall, und Hensen wurde Dank und Anerkennung für die Inschutznahme der deutschen Interessen ausgesprochen. Das nach dem Tagungsprotokoll als belanglos zu bewertende Auftreten von Hensen wurde hier nachträglich als nationale Tat hingestellt. Ob dies dem Wissenschaftler Hensen angenehm war, darf bezweifelt werden.

In Rechenschaftsbericht für die Sektion für Küsten- und Hochseefischerei 1885-1890 ging Herwig wesentlich moderater auf die Konferenz in London ein:

»...daß nur Berathungen gepflogen wurden über die Verwendung des Fangs und Verkaufs untermaßiger Fische - also Fragen, für deren Würdigung England seine eigenen gesetzgeberischen Faktoren, aber nicht ausländische Fischereisachverständige hätte zu Rathe ziehen sollen.« (Herwig, 1891: 19)

In einem Buch über »British Fisheries« von James Johnstone (1905) wurde als Ergebnis jener Konferenz genannt, daß wissenschaftliche und andere Untersuchungen institutionalisiert werden sollten, daß es dazu aber nicht gekommen wäre. Auch hätte Prof. McIntosh vorgeschlagen, jeweils ein Viertel der gesamten Nordsee für die Fischerei zu schließen, was aber selbst in England keine Unterstützung gefunden hätte. (Im weiter oben erwähnten Protokoll wird dieser Vorschlag allerdings nicht erwähnt.)

Verständlicherweise war man in England mit dem mageren Ergebnis der Konferenz nicht zufrieden, und wenig später wurde ein neuer Versuch zur Regelung der Nordsee-Fischerei unternommen. Dieses Mal beauftragte das Unterhaus ein Select Committee on Sea Fisheries mit der Befragung aller irgendwie mit dem Problem befaßten Personen: wiederum Fischer, Fischerei-Industrielle, Fischereiverwalter und Wissenschaftler. Die 20 Sitzungen hatten den Charakter eines Tribunals (Anonym, 1893). Die wichtigsten Ergebnisse waren:

- Der Fang von Hering, Kabeljau und Schellfisch bedürfte keiner Schutzmaßnahmen.

- Für Plattfische wurden Mindestmaße empfohlen, wobei es zwei differierende Vorschläge gab: Es sollten 10 bzw. 8 inches gelten, besser aber einheitliche Mindestmaße für die ganze Nordsee vereinbart werden (Tab. 2).

- Die Schonung von jugendlichem und laichendem Fisch sollte in Küstennähe von den Anrainerstaaten wahrgenommen und dafür die 3-Meilen-Zone erheblich erweitert werden.

Zum letzten Punkt hatte Cunningham von der Marine Biological Association in Plymouth vorgeschlagen, England sollte seinen Fischern verbieten, vor der dänischen und deutschen Küste zu fischen, um in späteren Verhandlungen für seinen Standpunkt mehr Gewicht zu bekommen. Die Fischereiaktivitäten der anderen Nationen wären in dem Gebiet so gering, daß von ihnen keine ernst zu nehmende Gefährdung für den Bestand ausginge und somit von ihnen auch keine Schonung verlangt zu werden bräuchte.

Brieflich wurde auch Heincke befragt, und er antwortete ganz offen, daß man in Deutschland gegen jedwede internationale Regelung eingestellt wäre, weil sie die eigene Entwicklung der Hochseefischerei behindern würde. Er teilte aber auch seine persönliche Meinung mit, daß er wenig Zweifel habe, daß die Nordsee-Fischerei einem Niedergang entgegen ginge, und daß er dafür jedoch keine wissenschaftlich abgesicherte Erklärung hätte. Deutsche Küstengebiete zu Schongebieten zu erklären, hielt er hingegen für absurd, weil es keinen Hinweis dafür gäbe, daß alle Fische der Nordsee dort aufwüchsen. Er hielt es aber für sinnvoll, daß England als führende Fischereination den Verkauf untermaßiger Fische

Tabelle 2
Vergleich von empfohlenen Mindestmaßen (inches)
bei Plattfischen (Anonym, 1893: IV)

	NSFPA	MBA +	Belgien	Dänemark ++	Frankreich +++
Glattbutt	12	15	10	-	-
Steinbutt	12	18	10	8	-
Scholle	10	17	7,5	8	5,5
Seezunge	10	12	7,2	-	5,5

(+ = Mindestmaß bei Geschlechtsreife; ++ = gemessen von Nasenspitze bis zum Beginn des Schwanzes; +++ = gemessen vom Auge bis zum Beginn des Schwanzes
NSFPA = North Sea Fisheries Protection Association
MBA = Marine Biological Association)

verböte und damit eine Vorreiterrolle übernähme. Er hielt das Verbot des Landens untermaßiger Fische und die Einführung von größeren Maschenweiten für die einzig wirksame Maßnahme, die es wert sei, verfolgt zu werden.

Dies waren die Standpunkte aus englischer und deutscher Sicht. Auch der holländische Fischereisachverständige Paulus Peronius Cato Hoek (1851-1914) nahm im holländischen Fischereijahresbericht für 1893 dazu Stellung, worüber Ernst Ehrenbaum (1861-1842) (1895) ausführlich berichtete. Hoek vertrat die Meinung, daß die in den verschiedenen Ländern für den Verkauf diskutierten Mindestmaße viel zu klein wären und daher weit entfernt, dem Übel beizukommen, sondern nur dazu dienen könnten, es in einer nur wenig gemilderten Form zu sanktionieren. Derjenige, welcher auf dem Gebiet der Fischerei die Einführung von Vorschriften befürworte, von deren Wirksamkeit er nicht voll und ganz überzeugt sei, verdiene schwerer bestraft zu werden, als derjenige, welcher jene Vorschriften übertritt. Ehrenbaum schloß daran die Bemerkung: »Das sind goldene Worte, die auch in unserem deutschen Vaterlande nicht genug der Beherzigung empfohlen werden können.«

Heincke, der gerade zum Direktor der 1892 gegründeten Biologischen Anstalt Helgoland ernannt worden war, vertrat jetzt einen klareren Standpunkt in deutschen Publikationsorganen. 1896 wurde er in einem Vortrag besonders deutlich:

> »Die heutige Grundnetzfischerei in der Nordsee ist ...Nichts anderes als eine ungeheure Raubfischerei ... Schon jetzt sind unzweifelhafte Anzeichen einer Überfischung der Nordsee vorhanden. Hunderte von denkenden Männern, namentlich in England, erheben bereits ihre warnende Stimme, der sinnlosen Vernichtung Einhalt zu thun und Maß zu halten. Tausende andere Stimmen freilich preisen die Unerschöpflichkeit des Meeres...
> Auf dem Festland ist der Mensch schon seit langer Zeit... übergegangen zu einer bewußten, weisen Leitung der organischen Produktion.« (Heincke, 1896: 318)

Gleiches sei jetzt auch auf dem Meere nötig. Grundlage dieser Kultur aber sei die Wissenschaft, und die müßte erheblich gefördert werden, denn »Das Meer ist groß und mit kleinen Mitteln ist ihm nicht beizukommen«.

1895 hatte Herwig die Sektion für Küsten- und Hochseefischerei des Deutschen Fischerei-Vereins in einen selbständigen Deutschen Seefischereiverein überführt und als Schirmherrn Kaiser Wilhelm II. gewonnen. Den erwähnten Vortrag hatte Heincke in Berlin auf dessen 3. Seefischereitag gehalten, zu dem mehrere hundert Personen gekommen waren, darunter auch korrespondierende Mitglieder aus Schweden, Dänemark, Schottland, Niederlande, Belgien und Frankreich - aber keiner aus England! Der Bericht über die Tagung erwähnt, daß der Verein im wesentlichen die Ansicht von Heincke teilte, nämlich daß das gegenwärtige System der Befischung ernste Besorgnisse für die Zukunft wachriefe, daß aber Schutzmaßnahmen nur durch internationale Beschlüsse herbeigeführt werden könnten, welche anzubahnen eine große und dankbare Aufgabe bliebe. Bei der Heringsfischerei würde hingegen noch nicht über Überfischung geklagt.

Entsprechend verwundert nicht, daß Herwig in einem 1897 geschriebenen Gutachten über »Die Große Heringsfischerei Deutschlands und die Mittel zu ihrer Hebung« mit keinem Wort die Frage einer möglichen Überfischung erwähnte. Merkwürdigerweise ging er darin aber nicht auf die Notwendigkeit von wissenschaftlichen Untersuchungen ein, betonte er doch sonst deren große Bedeutung für die Fischerei.

5. Gründung des ICES und die Zeit danach

In Großbritannien kam es zu einem Höhepunkt im Streit der Wissenschaftler über die Überfischungsfrage, als sich abzeichnete, daß die Klärung einem internationalen Gremium übergeben werden sollte, worüber bereits konkret verhandelt wurde. In Schottland versuchte McIntosh (1899) in einem Buch »The Resources of the Sea« nachzuweisen, daß der Mensch mit dem ihm zu Gebote stehenden Hilfsmitteln überhaupt nicht im Stande sei, den von der Natur gebotenen Überfluß an Seefischen nachteilig zu beeinflussen. In Kritiken wurde ihm vorgeworfen, er habe den statistischen Daten Gewalt angetan. Demgegenüber sagte Walter Garstang von der Marine Biological Association in Plymouth ebenfalls auf der Basis von statistischen Zahlen der Grundnetzfischerei einen rapiden Niedergang voraus - allerdings nicht in gleichem Tempo für alle Nutzfische.

Die Probleme der Fischerei in der Nordsee wurden aber nicht allein unter Fischereibiologen diskutiert, auch marine Zoologen und Ozeanographen suchten nach Ursachen für das Auftreten und plötzliche Verschwinden von Fischschwärmen. Die Initiative zu gemeinsamen Untersuchungen ging von skandinavischen Wissenschaftlern aus. Es waren dies insbesondere Fritjof Nansen, Georg Ossian Sars und Johan Hjort (1869-1948) in Norwegen sowie Otto P. Pettersson (1848-1941) und Gustaf Ekman in Schweden. Aus Schottland schlossen sich Henry N. Dickson (1866-1922) und Thomas Wemyss Fulton (1855-1929) an. Auf dem 6. Internationalen Geographen-Kongreß 1895 in London wurde einem entsprechenden Vorschlage von Pettersson zugestimmt, der dann nach einer sehr gründlichen Vorbereitung unter seinen Kollegen dem schwedischen König die Einberufung einer Konferenz nach Stockholm vorschlug, auf der für die geplanten Untersuchungen ein fester internationaler Rahmen vereinbart werden sollte.

In der gleichen Zeit startete der Deutsche Seefischerei-Verein eine eigene Initiative, um eine internationale Kommission zur Untersuchung der Überfischungsprobleme ins Leben zu rufen. Auf einem geheimen Treffen 1897 mit dem niederländischen Fischereibeauftragten Hoek wurde Übereinstimmung erzielt, daß Deutschland offiziell zu einer internationalen Konferenz nach Hamburg oder Bremen einladen sollte.

Als sich abzeichnete, daß der schwedischen Bemühung international ein größeres Interesse entgegen gebracht wurde, erklärte sich Herwig bereit, auf die eigenen Pläne zu verzichten, wenn in die Stockholmer Konferenz Untersuchungen über die Überfischung der Nordsee mit aufgenommen würden (Smed, 1990). Herwig hatte damit Erfolg. Auf der Vorbereitungskonferenz am 6. Mai 1901 in Kristiana/Norwegen wurde als Präambel für das zukünftige Programm der folgende Text beschlossen:

> »Considering that a rational exploitation of the sea should rest as far as possible on scientific enquiry, and considering that international cooperarion is the best way of arriving at satisfactory results in this direction, especially if in the execution of the investigations it be left constantly in view that their primary object is to promote and improve the fisheries through international agreements, this International Conference resolved to recommend to the states concerned the following scheme of investigations which should be carried out for a period of at least five years.« (Went, 1972: 10)

Am 22. Juli 1902 wurde der Internationale Rat für Meeresforschung ICES (International Council for the Exploration of the Sea) mit Sitz in Kopenhagen gegründet. Herwig wurde zum ersten Präsidenten, Pettersson zum Vice-Präsidenten und Hoek zum Generalsekretär gewählt. Es wurden hydrographische, biologische und fischereistatistische Untersuchungen vereinbart und zu deren Koordination die folgenden drei Kommissionen eingesetzt:

A: Committee on Migration of Food Fish
B: Committee on Overfishing
C: Committee for the Baltic

Als wohl bedeutendste Grundlage für die weitere Behandlung der Überfischungsfrage ist die Herausgabe des »Bulletin Statistique des Pêches Maritimes« zu sehen, das seit 1903 vom ICES veröffentlicht wird. In ihm werden jährlich die Fangmengen aller kommerziell genutzen Fischarten aufgeführt. Es dauerte jedoch noch bis 1937, daß eine internationale Konvention vereinbart wurde. In der Overfishing Convention of London wurde allen Fischern in der Nordsee Mindestmaschenweiten vorgeschrieben.

Wie die Entwicklung der Fischerei und die Erkenntnisse der Fischereiwissenschaft hinsichtlich der Überfischungsfrage bis zur Gegenwart weiterging, wäre sicherlich sehr interessant zu verfolgen. Bei Cushing (1988) ist Näheres über diese Phase nachzulesen. Für die Ausgangsfrage ist jedoch nur von Bedeutung, ob sich nachweisen läßt, daß auf Grund des erreichten theoretischen Wissens eine substantiell andere Entwicklung in Richtung auf eine bestandserhaltende Fischereipolitik einsetzte. Ein Blick auf die Gegenwart zeigt jedoch, daß eine Wende in der bestandszerstörenden Fischereipraxis nicht stattgefunden hat.

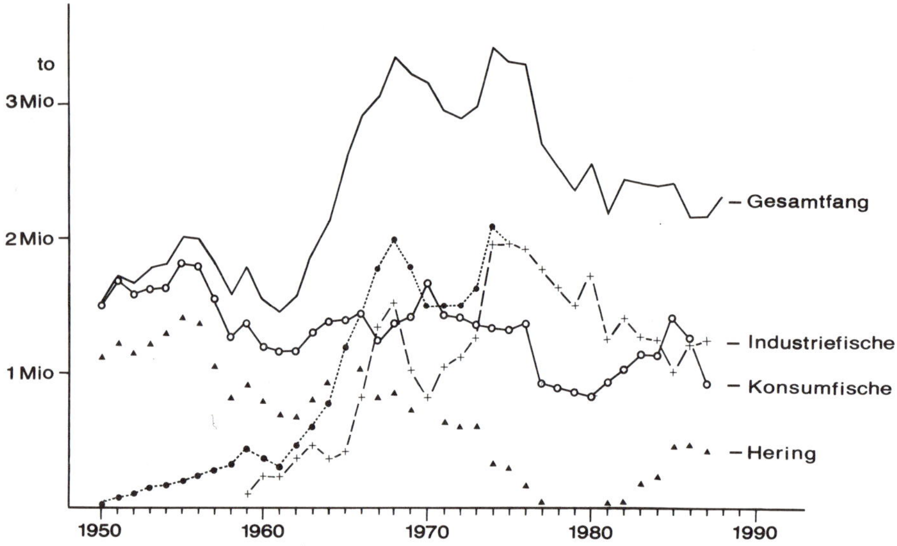

Abb. 4
Mengen (t) der jährlich gefangenen Konsumfische in der Nordsee im Vergleich zu den Industriefischen seit 1950 (nach ICES: Bulletin Statistique de Pêches Maritimes).

6. Die Überfischungsproblematik in der Sicht heutiger Fischereiwissenschaftler in Deutschland

Abbildung 4 zeigt die Entwicklung des Fischereiertrages aus der Nordsee seit 1950. Während die Konsumfischerträge deutlich abgenommen haben, stieg der Fang von sog. Industriefisch für die Land- und Teichwirtschaft seit 1960 rapide an. Diese neue, nur zum Teil der internationalen Fangregulierung unterworfene Entnahme von tierischem Eiweiß hat den Gesamtertrag aus der Nordsee in den 70er Jahren auf ein vorher nicht annähernd erreichtes hohes Maß gebracht. Von einigen Fachleuten (Rat von Sachverständigen für Umweltfragen, 1980) wird jedoch befürchtet, daß eine uneingeschränkte Industriefischerei zum weiteren Niedergang der Konsumfischbeständen führen könnte.

Von drei erst jüngst pensionierten Fischereiwissenschaftlern in führenden Positionen der Bundesforschungsanstalt für Fischerei in Hamburg liegen dazu aufschlußreiche, rückschauende Berichte vor. Sie sind 1982, 1985 bzw. 1990 im »Archiv für Fischereiwissenschaften«, der wissenschaftlichen Zeitschrift der Anstalt veröffentlicht worden (Thurow, 1982; Sahrhage, 1985; Tiews, 1990). Beim Vergleich der drei Ausführungen zeigt sich exemplarisch, wie kontrovers die Überfischungsfrage auch heute noch diskutiert wird.

Bei der jüngsten Veröffentlichung stellt Klaus Tiews, bis 1990 Leiter des Instituts für Küsten- und Binnenfischerei, an den Anfang seines Ausblicks für die Zukunft die Erklärung, »das Institut hat sich ... den jeweiligen Erfordernissen in hervorragender Weise angepaßt«. Sich anpassen, ist nicht sich stellen, beinhaltet für sich genommen keine Auseinandersetzung mit möglichen Maßnahmen zur Abwendung negativer Entwicklungen. Sollte das Institut es nicht als seine Aufgabe und Verantwortung sehen, angesichts evident vorhandener Hinweise auf eine Überfischung eigeninitiative Aufklärungsarbeit zu leisten mit dem Ziel, den Ertrag an Nahrungsfischen aus der Nordsee auf einem möglichst hohen Niveau zu halten?

Diese für Außenstehende naheliegende Frage wird nicht behandelt, sondern lediglich im Abschnitt 'Bestandsforschung in Nord- und Ostsee' festgestellt:

- Seit Ende der 60er, spätestens seit den 70er Jahren gelten viele Fanggebiete der Weltmeere und unter ihnen auch die des Nordatlantiks als überfischt.

- Die Bestandsforschung, die bis zum Beginn der 60er Jahre vorwiegend entsprechend den nationalen Bedürfnissen ausgeübt wurde, unterlag in den darauffolgenden Jahren in zunehmenden Maße der Internationalisierung.

- Die internationalen wissenschaftlichen Gremien werden in zunehmendem Maße dazu benutzt, nationale fischereipolitische Anliegen wissenschaftlich zu untermauern. Hier gilt es, möglichst frühzeitig deutsche Anliegen vorzubringen, als auch von anderen vorgebrachte, möglicherweise biologisch fragwürdige Anliegen zu erkennen und zu verhindern, um die deutsche Fischerei vor unnötigen Beschränkungen zu schützen.

Besonders der letzte Standpunkt ist sicherlich auch heute unter Fischereiwissenschaftlern aller Nordsee-Anrainerstaaten zu finden.

Tiews fordert zum Schluß mehr Forschungsmittel, um die deutschen Fischereiintressen auch in Zukunft mit wissenschaftlichen Argumenten versorgen zu können. Das Problem der Überfischung dient damit einer Beschäftigungsrechtfertigung für Fischereiwissenschaftler und ist nicht mehr Herausforderung für dessen Lösung.

Dietrich Sarhage (1985) erwähnt in seinem Rückblick auf die deutsche Fischereiforschung bereits für die 20er Jahre eine Überfischung des Herings im Zusammenhang mit der sich rasch entwickelnden Heringsschleppnetzfischerei. Aber erst 1971 kam es unter dem Druck der Verhältnisse und nach langen

Verhandlungen zu einer teilweisen Einschränkung der Heringsfischerei in der Nordsee. 1977/78 wurde dann ein absolutes Fangverbot erlassen, als kaum noch Hering zu fangen war. Die Bestände erholten sich und ab 1982 wurde wieder eine begrenzte Heringsfischerei zugelassen unter sorgfältiger Überwachung der Entwicklung. Er schließt mit der Hoffnung

> »Die Erfolge vernünftiger Bestandsbewirtschaftung auf biologischer Grundlage sollen auch der deutschen Seefischerei zugute kommen.«

Während Tiews also vorrangig den Schutz der deutschen Fischereiinteressen als Aufgabe der Fischereiwissenschaft sieht, tritt Sarhage für eine vernünftige internationale Bestandsbewirtschaftung ein, von der dann auch die deutsche Fischereiindustrie profitiert - und zwar langfristig.

Bereits einige Jahre vorher hatte Fritz Thurow (1982) - allgemein und nicht auf die Nordseefischerei beschrängt - eine weitaus eindeutigere Position bezogen, indem er forderte, daß jedwede Fischereiaktivität einer Kontrolle unterstellt werden sollte und zwar schon bei Beginn der Befischung einer neuen Fischart, weil sonst ein ungezügeltes Investitionsengagement den Bestand konsequenter Weise ruinieren muß.

7. Auswege

Angesichts der katastrophalen Lage der Nordseefischerei hat 1990 der EG-Ministerrat eine Arbeitsgruppe eingesetzt mit der Aufgabe, Vorschläge für eine Bestandsverbesserung zu erarbeiten. Diese Gruppe erkennt ein totales Fangverbot als wirksamste Schutzmaßnahme, fordert dafür jedoch gründliche wissenschaftliche Argumente (Rauck 1990). Damit sind Entscheidungen wiederum vertagt, Fischereiwissenschaftlern ist die Existenz gesichert und die Fischfangindustrie beutet weiter aus. Der Cuxhavener Kutter-Kapitän Katzenberger (1991) benennt die Einführung der Industriefischerei als eigentliches Übel der derzeitigen Praxis in der Nordsee, da von ihr kleinere, für den menschlichen Konsum nicht geeignete Fischarten wie z.B. Sandaal gefangen werden, für die die diskutierten und beschlossenen Schonmaßnahmen nicht gelten. Die Fischereiforschung seit 100 Jahren und mehr hat erfahren, daß sie immer hinter der Entwicklung der Fischereiindustrie geblieben ist. Ihr erklärter Ansatz, Lösungen für ein Management der Bestandsbefischung bereitzustellen, wird vermutlich so lange nur bedingte Wirkung haben, wie ihre Vertreter es nicht verstehen, für eindeutige Aussagen in genügender Breite Öffentlichkeit zu finden. Weil es heute wesentlich genauer möglich ist, Fischereieffekte wissenschaftlich zu fassen und ihre Folgen abzuschätzen, wird die Kluft zwischen dem wissenschaftlichen Kenntnisstand und der tatsächlichen Praxis immer größer. Als bitterer Trost bleibt, daß Fischereiwissenschaft weiter finanziert wird.

Danksagung

Die Befassung mit dem Thema der Überfischung geht zurück auf eine Anregung von Harry Scheiber, University of California/ Berkeley, einen Beitrag für die Sektion »Revalries in Ocean Resources - 1800-1950« des 10. Internationalen Kongresses zur Wirtschaftsgeschichte in Leuwen 1990 zu liefern. Eine erweiterte Fassung des Vortrages habe ich im Wintersemester 1990/91 im Kolloqium des Instituts für Hydrobiologie und Fischereiwissenschaft der Universität Hamburg präsentiert. Detailinformationen und Anregungen für die Bewertung habe ich auch von Christian Hünemörder, Walter Kühnholt, José Lozán und Burkard Watermann erhalten. Die Protokolle der Sea Fisheries Protection Association durfte ich dankenswerterweise in der Bibliothek der Fishmonker's Hall in London einsehen und kopieren. Teile davon hat mir die Marine Biological Association, Plymouth, zugesandt. Auch die Sea Fish Industry Authority, Edinburgh, hat mir mit Informationen geholfen.

Literatur

Anonym, 1873: Circular Nr. 7 des Deutschen Fischerei-Vereins. Berlin, 245-246.

Anonym, 1889: Die Generalversammlung des Deutschen Fischerei-Vereins. Dt. Fisch.-Ver. Mit. Sect. Küst. u. Hochseefisch., 87-93.

Anonym, 1990: Proceedings of the International Conference of Representatives of Maritime Powers, convened under the auspices of the National Sea Fisheries Protection Association, To discuss the question of Remedial Measures necessary to be taken for the Preservation and Development of the Fisheries in the Extra-Territorial Waters of Europe, 45pp.

Anonym, 1893: Report from the Select Commitee on Sea
Fisheries, together with the proceedings of the Commitee, minutes of evidence, appendix and index. Ordered, by the House of Commons, to be printed. 17. August 1893. H.C., 405 pp.

Cushing, D.H., 1988: The Provident Sea. Cambridge Univ. Press, 329pp.

Ehrenbaum, E., 1895: Hollands Stellung zur Frage der
Überfischung der Nordsee. Mit. Dt. Seefisch.Ver., 6-11.

Ehrenbaum, E. & H. Lübbert, 1913: Präsident Herwig. Der Fischerbote 5, 2-5.

Garstang, W., 1900: The impoverishment of the sea. J. Mar. Biol. Ass. UK N.S. 6, 1-69.

Heincke, F., 1886: Die englische Trawlnetzfischerei und die Abnahme der Fische in der Nordsee. Dt. Fisch.Ver. Mit. Sect. Küst. u. Hochseefisch., 74-80.

Heincke, F., 1887: Reisenotizen aus Dänemark, Schweden und Ostpreußen. Dt. Fisch.Ver. Mit. Sect. Küst. u. Hoschseefisch., 168-178.

Heincke, F., 1888: Die Nothwendigkeit wissenschaftlicher Forschungen im Dienste der Seefischereien. Dt. Fisch.Ver. Mit. Sect. Küst. u. Hochseefisch., 114-125.

Heincke, F., 1889: Über die Schädlichkeit der Trawlfischerei in den Küstengewässern. Dt. Fisch.Ver. Mit. Sect. Küst. u. Hochseefisch., 18-21.

Heincke, F., 1896: Die Erforschung der deutschen Meere im Dienste der Seefischerei. Mi. Dt. Seefisch.Ver., 316-330.

Herwig, W., 1891: Die Tätigkeit der Section für Küsten- u. Hochseefischerei seit ihrer Gründung (1885) bis zum Sommer 1990. Sonderbeilage Mit. Sect. Küst. u. Hochseefisch., 27 pp.

Herwig, W., 1897: Die Große Heringsfischerei Deutschlands und die Mittel zu ihrer Hebung. Mit. Dt. Seefisch. Ver., 316-330.

Huxley, T.H., 1883: Inaugural address to International Fisheries Exhibition London 1883. Vol. IV, Part 1, 2-19.

Johnstone, J., 1905: British Fisheries - Their administration and their problems. London, 350 pp.

Katzenberger, O., 1991: Leserbrief zu 'EG-Arbeitsgruppe berät über technische Erhaltungsmaßnahmen. Der Fischerbote 39, 47-48.

Kyle, H.M., 1928: Die Statistik der Seefischerei Nord-Europas nebst Anhang: Die Überfischungsfrage. Handbuch der Seefischerei Nordeuropas Bd. 10, 4, 41 pp.

Kyle, H.M., 1929: Die Seefischerei von Großbritannien und Irland. Handbuch der Seefischerei Nordeuropas, Bd. 6, 334 pp.

Lindeman, M., 1888: Beiträge zur Statistik der deutschen Seefischerei. Berlin, 247 pp.

Lindeman, M., F. Heincke & E. Ehrenbaum, 1890: Protokoll über die von der Section für Küsten- und Hochseefischerei berufene Seefischerei-Versammlung in Bremen am 23.9.1890. Dt. Fisch.Ver. Mit. Küst. u. Hochseefisch., 121-150.

Lundbeck, J., 1977: Die Fischerei von den Naturvölkern bis zur modernen Technikk und Wirtschaft. 4. Abschnitt: Die Entwicklung der neuzeitlichen Fischwirtschaft in Europa. Mitt. Inst. Seefisch. Hamburg, H. 22, 553-726.

Mcintosh, V.C., 1899: The Resources of the Sea. London, 248 pp.

Meyer, P.F., 1947: Raubbau im Meer? Ein Beitrag Überfischungsfrage unserer Meere. Die blauen Fischbändchen Bd. 9, Hamburg, 30 pp.

Meyer-Waarden, P.F., 1970: Aus der deutschen Fischerei - Geschichte einer Fischereiorganisation. Berlin, 359 pp.

Mohr, 1926: Fischfang ist not - Freuden und Leiden der deutschen Hochseefischerei. Leipzig, 111 pp.

Popp Madsen, K., 1978: The industrial fisheries in the North Sea. In: North Sea Fish Stocks - Recent Changes and their Causes. Rapp. P.-v. Reun. Cons. int. Explor. Mer 172, 27-30.

Rat von Sachverständigen für Umweltfragen, 1980: Umweltprobleme der Nordsee - Sondergutachten Juni 1980. W. Kohlhammer Verlag, Stuttgart, 503 pp.

Rauck, G., 1990: EG-Arbeitsgruppe berät über technische Erhaltungsmaßnahmen. Das Fischerblatt 38, 309-311.

Russell, E.S., 1942: The overfishing problem. Cambridge, 130 pp (übersetzt von J. Lundbeck, 1962: Das Überfischungsproblem. Mit. d. Inst. f. Seefischerei, Hamburg, H. 11).

Smed, J, 1990: Walther Herwig: The First President of the International Council for the Exploration of the Sea (ICES). In: W. Lenz & M. Deacon (eds.): Ocean Sciences: Their History and Relation to Man. Dt. hydrogr. Z. Erg.-H. B, Nr. 22, 323-329.

Sahrhage, D., 1985: Institut für Seefischerei - 75 Jahre Fischereiforschung. Arch. FischWiss. 36, 3-25.

Tiews, K., 1990: Institut für Küsten- und Binnenfischerei - 50 Jahre. Arch. FischWiss. 40, 3-38.

Thurow, F., 1982: Sustained Fish Supply - an Introduction to Fishery Management. Arch. Fischwiss. 33, 1-42.

Went, A.E.J., 1972: Seventy Years Agrowing - a History of the International Council for the Exploration of the Sea 1902-1972. Rapp. P.-v. Reun. Cons. int. Explor. Mer. 165, 252 pp.

Zum Schicksal einiger Meeresbiologen im Nationalsozialismus

Burkard Watermann

In der Biologie und besonders in der Meeresbiologie ist die Zeit des Nationalsozialismus bisher wenig aufgearbeitet worden. Für einige Personen (Arndt, Weissenberg, Lissner, Woltereck, Neu, Ehrenbaum, Mielck, Lübbert, v. Buddenbrock, Henschel) konnten aufgrund eingehender Recherchen die Einzelschicksale nachgezeichnet werden, wobei auch diese Untersuchung noch sehr lückenhaft ist. Es zeigte sich, daß im Bereich der Meeresbiologie einige Wissenschaftler aufgrund ihrer jüdischen Herkunft emigrierten, andere aus allen Ämtern entfernt wurden, aber in Deutschland blieben, und daß es auch herausragende Fälle von Widerstand gab, die, wie bei Walther Arndt, mit dessen Hinrichtung endeten. Die vorliegende Arbeit soll einen Anstoß geben, mit der längst überfälligen Aufarbeitung zu beginnen.

On the fate of some marine biologists in National-Socialism. It is necessary to bring some light to the time of the Nazi-Regime with regard to biology and the adjacent field of marine biology. Based on intensive research activities, the destiny of some people could be clarified to some extent (Arndt, Weissenberg, Lissner, Woltereck, Neu, Ehrenbaum, Mielck, Lübbert, v. Buddenbrock, Henschel). It appeared that in the field of marine biology some scientists emigrated due to their Jewish origin, others were relieved of all duties but remained in Germany. Some cases of resistance existed, which led ultimately for Walther Arndt to his execution. It is hoped that the present paper will initiate more efforts to bring light to the time of the Nazi-Regime and its influence on biology and the scientists.

1. Einleitung

Blättert man in Biographien über Meeres- und Hydrobiologen, die in der Zeit des Nationalsozialismus ihre aktive berufliche Phase hatten, fallen häufig Ungenauigkeiten, Lücken und Unstimmigkeiten auf. Wissenschaftler werden zwischen 1933 und 1938 z.B. »endgültig in den Ruhestand versetzt«, aber nach 1945 wieder eingestellt, ohne daß der Biograph dies einer Erklärung für bedürftig hält.

Ansonsten sehr detailgetreue Darstellungen werden schwammig und unklar. Auf der anderen Seite hat man ebenso oft den Eindruck, daß nebensächliche

Auseinandersetzungen zu grundsätzlichen Gegnerschaften zum Nationalsozialismus hochstilisiert werden. Generell ist festzustellen, daß die Zeit des Faschismus hinsichtlich ihrer Ausprägung im meeresbiologischen Bereich bisher wenig aufgearbeitet worden ist, wie dies für den ganzen Bereich der Naturwissenschaften der Fall ist.

Aufgrund dieser Situation wurde der Versuch gemacht, den Ungenauigkeiten nachzugehen und zu versuchen, einige Sachverhalte genauer darzustellen. Der geschilderte Abriß aus einigen Schicksalen kann nur oberflächlich die damalige Situation beschreiben. Wichtig sind hierzu einige Hintergründe und Rahmenbedingungen, in denen sich diese und sicherlich noch einige weitere Ereignisse abspielten.

Seit Anfang 1933 begann die legalisierte Verfolgung der politischen Gegner des Nationalsozialismus. Mit der Schaffung verschiedener Verordnungen wie der »Verordnung des Reichspräsidenten zum Schutze von Volk und Staat« vom 28. Februar 1933, des »Ermächtigungsgesetzes« vom 24. März und des »Gesetzes zur Wiederherstellung des Berufsbeamtentums« vom 7. April 1933 wurden die Voraussetzungen für die politischen Verfolgungen geschaffen, die sich auch in den wissenschaftlichen Institutionen schon sehr früh bemerkbar machten. Das zuletzt genannte Gesetz mit dem irreführenden Titel der nationalsozialistischen Sprache schaffte die Voraussetzung für die legalen Massenentlassungen aller politischen Gegner des Nationalsozialismus aus dem öffentlichen Dienst. Hier waren keineswegs nur Beamte, sondern ebenso Angestellte und Arbeiter betroffen. Schon ab Januar 1933 hatten sich viele zur Emigration entschlossen, ab April begann durch die unverzügliche Umsetzung des Gesetzes ein Exodus. Von 1933 bis 1945 emigrierten nach bisherigen Angaben etwa 7600 Akademiker, von denen 2500 Hochschullehrer waren (Strauss et al., 1987).

Für den wissenschaftlichen Bereich entstanden im Ausland zahlreiche Hilfsorganisationen, die versuchten, den Entlassenen eine Anstellung zu verschaffen. Hierbei spielten vor allem die »Notgemeinschaft deutscher Wissenschaftler im Ausland«, die in der Schweiz ihren Sitz hatte, das »Emergency Committee in aid of displaced foreign scholars« in New York und in England die »Society for the Protection of Science and Learning« in Cambridge entscheidende Rollen.

Neben den USA wurde die Türkei zum wichtigsten Emigrationsland. Dieses hängt mit dem Zusammentreffen zweier voneinander unabhängigen Ereignisse zusammen: Im Mai 1933 erlangten die Reformpläne Kemal Atatürks Gesetzeskraft, durch die im August 1933 eine neue Universität in Istanbul nach westeuropäischem Vorbild aufgebaut werden sollte (Grothusen, 1984). Hierzu ist auch die Universität in Ankara zu zählen. Durch aktive Vermittlung der »Notgemeinschaft« waren bei Eröffnung der Hochschule in Istanbul von 65 Ordinarien 38 Ausländer, von denen die meisten aus Deutschland emigriert waren, und 27 türkische Professoren. Die deutsche Regierung bemühte sich aus diesen Gründen seit 1934 mit allen Mitteln, den Einfluß der »verjudeten Emigrantenclique«, wie es in einem Bericht des Oberregierungsrats H. Scurla vom Reichs-Erziehungsministerium heißt, an der

Universität Istanbul, aber auch in Ankara einzudämmen (Scurla Bericht, zit. n. Grothusen, 1984). Diesem Einfluß sollte mit der Entsendung von sogenannten »Reichsprofessoren« begegnet werden, die vom Außenministerium als aktive Propagandisten des Faschismus in der Türkei gedacht waren (cit. op., S. 21 ff.). Die Türkei lehnte es aber immer ab, Professoren zu berufen, die Mitglieder der NSDAP waren. So wurde auf angeblich zuverlässige Hochschullehrer zurückgegriffen, die aber die Hoffnungen des Auswärtigen Amtes häufig enttäuschten. Auch hierauf wird einzugehen sein.

Für die Wissenschaftler, die in Deutschland blieben, aber Gegner und Verfolgte des Faschismus waren, begannen Jahre der Demütigungen, Schikanen und Denunziationen. Wie dieses sich in der Meeresforschung niederschlug, soll im folgenden anhand einiger Beispiele sehr unterschiedlicher Schicksale nachgezeichnet werden, wobei selektiv aus den Biographien die Zeitspanne des Nationalsozialismus herausgegriffen wird. Für die gesamten Lebensläufe, soweit festgehalten, wird auf die zitierten Publikationen verwiesen. Für diesen Artikel werden einige Lebensläufe von Biologen zusammengetragen, die sich zumindest in bestimmten Abschnitten ihrer beruflichen Laufbahn mit Fragen der Meeresbiologie beschäftigt haben.

2. Walther Arndt

geb. 08.01.1891 in Landshut
hingerichtet am 26.06.1944 in Berlin

Nach dem Studium der Medizin und der Naturwissenschaften in Breslau wurde er 1919 zum Dr. med. und 1920 zum Dr. phil. promoviert. 1920-21 arbeitete Arndt als Volontärassistent am Zoologischen Institut und Museum in Breslau und folgte 1921 Georg Kükenthal nach Berlin, wo er bis 1925 als Assistent, bis 1931 als Kustos die Sammlung der Schwämme, Würmer und Moostiere des Zoologischen Museums betreute. 1931 wurde ihm der Professorentitel verliehen.

Im Rahmen dieser Tätigkeit beteiligte er sich 1923 an einer hydrographischen Untersuchung in der Nordsee mit dem Vermessungsschiff »Panther« der Marine. Im Frühjahr 1926 belegte er einen Arbeitsplatz in der Zoologischen Station Neapel. Unter anderem beteiligte er sich am Fischereiwissenschaftlichen Kolloquium in der Reichsanstalt für Fischerei in Berlin Friedrichshagen.

Seine überaus rege wissenschaftliche Tätigkeit galt nicht allein der Meeresforschung, sondern sein Interesse und seine Forschung erfaßte ein sehr großes Spektrum von Disziplinen. So publizierte er über systematische, zoogeographische, ökologische, medizinische und meeresbiologische Themen (Pax, 1952). Hierdurch erlangte Arndt internationales Ansehen und wurde zum Mitglied mehrerer ausländischer wissenschaftlicher Gesellschaften ernannt.

Abb. 1
Walther Arndt
(Freydank, 1989)

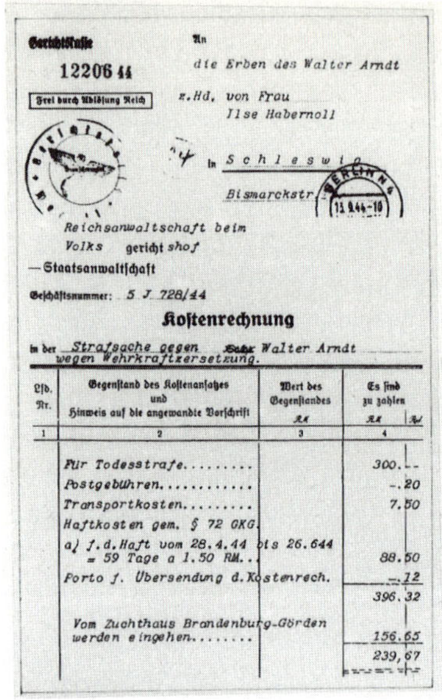

Gerichtskasse
12206 44
Frei durch Ablösung Reich

An
die Erben des Walter Arndt
z.Hd. von Frau
Ilse Habernoll
in Schleswig
Bismarckstr.

Reichsanwaltschaft beim
Volksgerichtshof
— Staatsanwaltschaft

Geschäftsnummer: 5 J 728/44

Kostenrechnung

in der Strafsache gegen Walter Arndt
wegen Wehrkraftzersetzung.

Lfd. Nr.	Gegenstand des Kostenansatzes und Hinweis auf die angewandte Vorschrift	Wert des Gegenstandes RM	Es sind zu zahlen RM | Rpf
1	2	3	4
	Für Todesstrafe.........		300.--
	Postgebühren............		-.20
	Transportkosten.........		7.50
	Haftkosten gem. § 72 GKG.		
	a) f.d.Haft vom 28.4.44 bis 26.644 = 59 Tage a 1.50 RM..		88.50
	Porto f. Übersendung d.Kostenrech.		-.12
			396.32
	Vom Zuchthaus Brandenburg-Görden werden eingehen........		156.65
			239,67

Abb. 2
(Freydank, 1989)

Am 28. Juni 1943 äußerte sich Arndt gegenüber seinem Museums-Kollegen Stichel über die politische Lage und erklärte unter anderem: »Wir werden noch für die anderen aufzubauen haben«. Stichel denunzierte ihn daraufhin bei der NSDAP (Peters, 1963). Nach einem der schweren Bombenangriffe im September 1943 äußerte er vor der ehemaligen Jugendfreundin J. Mehlhausen: »Jetzt ist es zu Ende mit dem Dritten Reich. Es handelt sich nur noch um die Bestrafung der Schuldigen.« Auch sie denunzierte Arndt für diese Äußerung. Vor dem Volksgerichtshof erschien Stichel in SS-Uniform und wiederholte seine Denunziation mit den Worten: »Als SS-Führer und aus Liebe zum Vaterland...« (ibid). Frau Mehlhausen lieferte dem Gericht einen Handzettel, auf dem sie die »verbrecherischen« Worte Arndts notiert hätte. Arndt selbst stand offensichtlich diesen Denunziationen fassungslos gegenüber. Auch angesichts des sicheren Todes wich er nicht von seinen Äußerungen ab oder versuchte sie abzustreiten. Am 11. Mai 1944 wurde er vom Volksgerichtshof wegen »Untergrabung der Kampfkraft« des Staates »für immer ehrlos« erklärt und zum Tode verurteilt. Am 26. Juni wurde das Urteil vollstreckt.

Ferdinand Pax, der in einer ausführlichen Biographie über seinen Freund Arndt diese Ereignisse beschrieb, machte hierin auf die Verantwortung der gesamten Zoologenschaft aufmerksam (Pax, 1952: 902):

»Auch heute noch ergreift die Fachgenossen, die sich ihm über den Tod hinaus verbunden fühlen, eine tiefe Erregung, wenn sie sich der Vorgänge erinnern, die seine Verurteilung herbeiführten. Der Tod unseres Freundes belastet nicht nur die Denunzianten, deren Zeugnis Walther Arndt dem Volksgerichtshof auslieferte. Vor dem Richterstuhl des eigenen Gewissens wird sich auch jeder Fachgenosse mitschuldig bekennen müssen, der durch aktive Mitarbeit in der Partei seine Sympathie für die politischen Ziele und vor allem für die Methoden des Nationonalsozialismus bekundet hat, und er wird, wenn er ehrlich ist, als Milderungsgrund auch nicht das von der deutschen Zoologenschaft eingereichte Gnadengesuch gelten lassen, dessen Wirkungslosigkeit jedem Kenner der Verhältnisse von vornerherein unzweifelhaft war...«.

Nur wenige Kollegen hatten es offenbar gewagt, nicht nur den Wissenschaftler, sondern auch den Menschen Arndt zu unterstützen.

»...Die Wenigen aber, die sich nicht darauf beschränkten, die auch vom Volksgerichtshof niemals angezweifelten wissenschaftlichen Verdienste des Verurteilten hervorzuheben, sondern zu dem Menschen Arndt bekannten, wird es ein kleiner Trost, aber immerhin ein Trost sein, daß das Bewußtsein, in seines Lebens schwersten Stunden von seinen Freunden nicht verlassen gewesen zu sein, ihm das Sterben erleichtert hat« (Pax, 1952: 303).

Nach der Ablehnung des Gnadengesuches durch das Reichsjustizministerium ergingen Rundschreiben an alle wissenschaftlichen Institute und Museen, in denen solche und ähnliche Sympathieerklärungen streng untersagt und unter Strafe gestellt wurden (Peters, 1963: 595).

Unter seinen Kollegen und im engeren Freundeskreis war Arndt als Gegner des Nationalsozialismus bekannt. Nach Zeugen erwiderte er auch uniformierten Nazis gegenüber niemals den Hitlergruß (ibid). Schon früh zeigte er auf subtile Weise seine Gegnerschaft zum Faschismus. So mußten am 1. Mai 1934 die Bediensteten des Zoologischen Museums in Berlin vor dem Gebäude in der Invalidenstraße antreten. Von einigen Parteimitgliedern wurde aufgepaßt, daß keiner fehlte. Dann begann die Kolonne einen langen Marsch zum Tempelhofer Feld, auf dem später Hitler sprechen würde. Fast alle verfielen in Gleichschritt. Walter Arndt machte dies ostentativ nicht mit. Zudem trug er als einziger eine Melone, die von den Nazis als »Judenhelm« bezeichnet wurde (Rensch, 1979: 103).

1937 übersandte Arndt einem Berliner Schwammgroßhändler sein Manuskript über die Schwämme für das von ihm und Pax herausgegebene Werk »Die Rohstoffe des Tierreichs« zur kritischen Durchsicht. Der Schwammgroßhändler machte ihn brieflich darauf aufmerksam, daß die Erwähnung jüdischer Firmen »unangebracht« und das Zitieren jüdischer Autoren und des Talmud vom Propagandaministerium verboten worden sei. Daraufhin antwortete Arndt:

> »Ein Verbot für die Zitierung jüdischer Autoren und Literatur in wissenschaftlichen Werken - auch in Deutschland - ist mir nicht bekannt. Inwieweit ein solches für die zum Sektor des Propagandaministeriums gehörigen besteht, weiß ich nicht." (Peters, 1963: 603).

Tatsächlich hatte Goebbels persönlich 1933 alle Berliner Schriftleiter zu einer Versammlung zitiert, in der er die redaktionell tätigen Wissenschaftler darauf hinwies, daß nur noch konforme Artikel zu erscheinen hätten, »jüdische« Literatur hätte völlig zu verschwinden (Rensch, 1979: 103). Da dieses auch Arndt bekannt gewesen sein dürfte, kann das Zitieren von Werken jüdischer Wissenschaftler als eine Form seines Widerstandes gewertet werden.

Die Deutsche Zoologische Gesellschaft ehrte Walther Arndt 1990 mit der Einrichtung eines nach im benannten Habilitationspreises, um hiermit das Gedenken an sein Leben und seine Hinrichtung zu erhalten.

3. Richard Weissenberg

geb. 1882
gest. ...

Er zählt zu den bekanntesten Erforschern einer Viruserkrankung bei Fischen, der Lymphocystis. Nach dem Studium der Zoologie und Medizin an der Universität Berlin war er von 1900 bis 1905 Assistent von Oscar Hertwig, dem damaligen Direktor des Anatomisch-Biologischen Instituts der Universität Berlin.
Bald wandte er sich protozoologischen Studien zu, die ihn 1910 in die Zoologische Station Neapel führten, wo er Microsporidieninfektionen an Fischen untersuchte (Weissenberg, 1911). Aufgrund weiterer Forschungen an diesen Erregern kam er 1914 zum ersten Mal in Kontakt mit sogenannten Hauttumoren bei Kaulbarschen, die im Bereich von Rügen gefangen worden waren. Diese Pseudo-Tumoren galten zur damaligen Zeit als Protozoeninfektion. Weissenberg war einer der ersten, der dieses in Frage stellte und eine Viruserkrankung vermutete.

Diese Hypothese publizierte er in den Jahren 1920 und 1921, was ihn vor allem in den USA bekannt machte, eine Tatsache, die für seinen weiteren Lebensweg von entscheidender Bedeutung werden sollte. 1913 habilitierte sich Weissenberg. 1928 wurde er zum außerordentlichen Professor ernannt.

Anfang 1933 wurde Weissenberg als jüdischer Professor in Anwendung des »Gesetzes zur Wiederherstellung des Berufsbeamtentums« aus dem Dienst entlassen (Weissenberg, 1965). Mit der Unterstützung eines schwedisches Hilfskomitees, dessen Sekretär der Zoologe Nils Holmgren war, wurde ihm 1936 ein Besuch in den USA in Woods Hole ermöglicht, wo er mit dem amerikanischen Virologen Cowdry zusammentraf. Durch dessen Einsatz und aufgrund der Unterstützung zweier US-Hilfskomitees bekam er ein Forschungsprojekt an der »Washington University Medical School in St. Louis« als Gastprofessor für Zytologie für 1937 (Strauss et al., 1987). Hierdurch konnte Weissenberg im Frühjahr 1937 mit seiner Frau Deutschland verlassen. Es gelang ihm, einen Teil seiner wissenschaftlichen Sammlung und verschiedene Geräte mitzunehmen.

1938/39 konnte er in Philadelphia am »Wistar Institute« für Anatomie und Biologie am Problem der Lymphocystis weiter forschen. Doch nach dem Tode seines damaligen Leiters Dr. Stengel mußte Weissenberg das Institut verlassen und übte danach vor allem lehrende Tätigkeiten an medizinischen Fakultäten aus. Seine Lymphocystisforschungen mußte er danach nebenher betreiben, was ihn nicht daran hinderte, entscheidende Beiträge zur Erforschung dieser Krankheit beizusteuern.

Abb. 3
Gedenktafel für Walther Arndt am Naturhistorischen Museum Berlin

Abb. 4
Helmut Lissner[1]

1945 konnte er die experimentelle Erzeugung von Lymphocystis mithilfe von ultrafiltriertem Material, d.h. den indirekten Virusnachweis, erbringen (Weissenberg,1951). 1964 wurde ihm die Aufgabe übertragen, einen Überblick über 50 Jahre Lymphocystisforschung zu geben, in die er wesentliche autobiographische Aspekte einfließen ließ (Weissenberg, 1965).

4. Helmut Lissner

geb. 08.12.1895 in Thorn
gest. 15.02.1951 in Caesarea

Lissner studierte von 1916 bis 1922 in Leipzig, arbeitete 1920 kurzzeitig in der Biologischen Anstalt Helgoland und promovierte Anfang 1922 über das Gehirn von Knochenfischen bei J. Meisenheimer, wobei R. Woltereck Zweitgutachter war (Universitätsarchiv Leipzig). Von 1921 bis 1922 arbeitete Lissner als Assistent von Meisenheimer. Nach seiner Promotion kam er im Oktober 1922 als Assistent der Deutschen Wissenschaftlichen Kommission für Meeresforschung zu Ernst Ehrenbaum in die Fischereibiologische Abteilung des Naturhistorischen Museums Hamburg, wo er mit intensiven Heringsuntersuchungen begann. Aus dieser Tätigkeit gingen über 40 Publikationen hervor, die international große Beachtung fanden (Lundbeck et al., 1962) und ihn als einen der kompetentesten Heringsspezialisten seiner Zeit auswiesen.

Am 1. Juli 1933 bekam Lissner die Nachricht, daß ihm zum 1. August gekündigt würde, der Grund: »Nicht arische Abstammung«. Sein Gehalt würde ihm noch bis zum Ende des Jahres 1933 gezahlt. In der erwähnten Darstellung von Lundbeck et al. liest sich die Entlassung folgendermaßen: »Von dem ständigen Personal gab Dr. H. Lissner infolge der politischen Veränderungen seine Stellung zu Beginn des Jahres 1933 auf und verließ Deutschland«.[2] Daß Lissner Jude war, läßt sich aus dieser Quelle nur indirekt schließen, zudem wird fälschlicherweise suggeriert, daß Lissner selbst kündigte. Daß seine Entlassung auf der Basis des »Gesetzes zur Wiederherstellung des Berufsbeamtentums« erfolgte, wird nicht erwähnt. Lissner mußte in dem verbliebenen halben Jahr in Deutschland schleunigst eine Alternative finden, denn er hatte auch noch seine Eltern zu versorgen.

Aufgrund der Massenentlassungen von Juden, Kommunisten und Sozialdemokraten aus dem öffentlichen Dienst wurden in England im wissenschaftlichen Bereich spezielle Stipendien für entlassene Wissenschaftler eingerichtet. Lissner konnte solch ein Stipendium am Meeresforschungsinstitut der »Marine Biological Association of the United Kingdom at Plymouth« erhalten und dort vom Februar bis November 1934 arbeiten. Als ihm von der türkischen Regierung eine Anstellung als Hydrobiologe angeboten wurde, ging er Ende 1934 für drei Jahre nach

Istanbul, wo er Untersuchungen an Makrelen im Bosporus durchführte. Da das Stipendium für ein Jahr gewährt worden war, bat Lissner, die restlichen drei Monate seinem jüdischen Kollegen Alfred Sklower, dem ebenfalls Anfang 1933 als Leiter der Versuchsteichwirtschaft Pertelmücken des Fischerei-Instituts der Universität Königsberg gekündigt worden war, zu gewähren. Sklower bekam den Rest des Stipendiums und konnte 1935 nach Palästina auswandern.[3]

In Istanbul arbeitete Lissner zusammen mit Woltereck im Institut für Fischereiwesen, das aber Ende 1937 geschlossen wurde. Der damalige Leiter der Zoologischen Station, K. Kosswig, versuchte Lissner zu übernehmen, was aber nicht gelang (Widmann, 1972). Nach Ablauf des Vertrages wechselte Lissner nach vergeblichen Bemühungen, wieder in England eine Anstellung zu bekommen, im Oktober 1937 zum Meeresbiologischen Institut in Rovigno (Italien) zu A. Steuer und M. Sella, wo er seine Untersuchungen an Makrelen fortsetzen konnte. Aufgrund der sich verschärfenden Judenverfolgung in Italien sollte er jedoch spätestens bis Ende 1939 das Land verlassen. Schon in Plymouth hatte Lissner sich um ein Auswanderungsvisum nach Palästina oder Zypern bemüht und Ideen für die Förderung der dortigen Fischerei vorgebracht, doch ohne Erfolg.[4] Auch von Italien aus wandte er sich mit der Bitte um Visa für sich und seine Eltern an die »Society for the Protection of Science and Learning« (SPSL) in Cambridge, die ihm schon 1934 geholfen hatte. Die Lage in Italien wurde immer prekärer. Offiziell mußte Lissner Italien bis Ende 1939 verlassen, bekam aber kein Ausreisevisum. Die SPSL bemühte sich intensiv um eine Ausreisemöglichkeit, konnte ihm jedoch nichts Konkretes anbieten. Am 14.2.1940 schrieb Lissner an die SPSL aus Rovigno, wo er sich nur noch durch den Schutz des Direktors M. Sella aufhalten konnte: » ...friends have procured me a visa for the Philippine Islands and a passage and I intend to sail with the 'Conte Verde' on the 8th March from Genova«.[5] Lissner blieb bis 1945 auf den Philippinen und verbrachte dort sehr unangenehme und wechselvolle Jahre. Anfangs bekam er keinerlei Anstellung und bat in einem Brief vom 29.8.40 die SPSL um weitere Hilfe: »Here in the Philippines is so much red tape and so many laws barring foreigners from getting a job that I have lost all hopes to find an occupation here«.[6] In einem anderen Brief an die SPSL wird die Hoffnungslosigkeit Lissners deutlich: »If it comes to the worst I must consider my stay at Manila as an unvoluntary asylum during the war and hope for a speedy termination of this terrible business«.[7] Zwischen 1941 und 1945 bekam er nur kurzfristige Aushilfsbeschäftigungen für Plankton Studien im »Department of Zoology at the University of the Philippines« bei Roseas. Doch eine feste Anstellung war durch ein Verbot der Beschäftigung von Ausländern nicht möglich.[8] Schließlich konnte Lissner nach dem Kriege nach Palästina auswandern.

1946 übernahm er die von der Jewish Agency begründete Fischereistation in Caesarea, Israel. Hier studierte er die Küstenfische Israels, insbesondere Makrelen und Sardinen.

Drei Wochen nach Eröffnung der Fischereistation starb Lissner 1951 an den Folgen einer Herzerkrankung (Lundbeck et al., 1962).

Heute trägt ein Aquakultur-Laboratorium in Eilat seinen Namen, das mit Geldern des Minerva Fond für ernährungsphysiologische Untersuchungen an marinen Fischlarven 1983 errichtet und in Betrieb genommen wurde. Da das Laboratorium im Rahmen des deutsch-israelischen Programms des BMFT genutzt wurde, kam die Diskussion einer Namensgebung eines deutsch-jüdischen Wissenschaftlers auf. Ein Wiedergutmachungsgedanke stand hierbei jedoch nicht im Vordergrund (pers. Mitt. H. Rosenthal).

Seine Emigration hatte eine große Lücke in der Heringsforschung in Deutschland hinterlassen. Die seit 1922 kontinuierlich durchgeführten Untersuchungen wurden unterbrochen und nie zusammengefaßt. In den folgenden Jahren wurde sein Forschungsmaterial nur provisorisch aufgearbeitet und von verschiedenen DWK-Asssistenten bearbeitet (Lundbeck et al., 1962).

Sein früher Tod war nicht zuletzt die Folge seiner aufreibenden Odyssee als jüdischer Emigrant, in denen er sich 12 Jahre in permanenten finanziellen Nöten und ständiger Angst um sein Leben und seine Zukunft befand.

5. Richard Woltereck

geb. 06.04.1877 in Hannover
gest. 23.02.1944 in Seeon

Woltereck zählt zu den bekanntesten Hydrobiologen seiner Zeit, dessen Interessen und Forschungen sich auch auf marine Aspekte erstreckten. Er wurde nach einem medizinischen und naturwissenschaftlichen Studium bei August Weismann in Freiburg über die Reifung und Entwicklung des parthenogenetischen Ostrakodeneis promoviert. Noch in demselben Jahr bekam er eine Assistentenstelle am Zoologischen Institut in Leipzig und nahm am ersten Teil der »Valdivia« Expedition (1898 - 99) teil, von der er nach einer Malaria-Infektion frühzeitig zurückkehren mußte. Später bearbeitete er die auf dieser Expedition gesammelten Siphonophoren und Hyperiden.

1901 habilitierte sich Woltereck in Leipzig und unternahm vor allem in dieser Zeit mehrere Forschungsreisen in die Nordsee und das Mittelmeer. Im Jahre 1905 wurde ihm die Gründung der Biologischen Sation Lunz in Niederösterreich übertragen (Brehm, 1959). 1906 hielt Woltereck Vorlesungen über Meeresbiologie an der Universität Leipzig.

Zusammen mit mehreren bekannten Meeres- und Hydrobiologen gründete er 1908 die »Internationale Revue der gesamten Hydrobiologie und Hydrographie«, die als interdisziplinäres Publikationsorgan für limnische und marine Forschungen geplant war.

Im Rahmen des Aufbaus von Universitäten nach westeuropäischem Muster unter Atatürk (s.a. Grothusen, 1984) erhielt Woltereck 1933 einen Ruf als

»Reichsprofessor« an das Zoologische Institut der Universität Ankara, die 1933 mit mehreren Fakultäten gegründet worden war. An die naturwissenschaftliche Fakultät wurde Woltereck auf Vorschlag des Wirtschaftswissenschaftlers Falke berufen.

Woltereck wurde daraufhin am 25.2.1933 für ein Jahr beurlaubt, um seine Stelle in Ankara antreten zu können. Am 9.4.1934 beantragte Woltereck eine Verlängerung der Beurlaubung um ein Jahr: »Die recht schwierige deutsche Arbeit an der neuen Hochschule erfordert mein Hierbleiben.« Die Verlängerung wurde auch genehmigt, hatte aber die vollständige Einziehung seiner Dienstbezüge zur Folge. Am 12.1.1935 beantragte Woltereck eine dritte Verlängerung seiner Beurlaubung um ein Jahr. Denn sein Vertrag mit den türkischen Behörden lief bis zum 1.5.1936.[9]

Woltereck arbeitete auch in dem Hydrobiologischen Institut in Istanbul. Ein Teil dieses Instituts war dem Wirtschaftsministerium unterstellt, welches hier ein

Abb. 5
Richard Woltereck
(Brehm, 1959)

Abb. 6
Wolfgang Neu in Cuxhaven
(Privatbesitz G. Neu)

Institut für Fischereiwesen errichtet hatte, in dem Woltereck mit Helmut Lissner zusammenarbeitete (Widmann, 1972).

1937 kam es zu Differenzen über die Ausrichtung seines Lehrstuhls. Die türkischen Behörden drängten auf eine mehr zoologisch ausgerichtete Lehrstuhlbesetzung, Woltereck arbeitete aber vorwiegend auf ichthyologischem Gebiet. Diese Auseinandersetzungen endeten mit der fristlosen Kündigung Wolterecks (Grothusen, 1987).

Zwischen 1936 und 1937 wurde er als Ordinarius an der Universität Leipzig vorgeschlagen, seine Nominierung aber vom Kultusministerium abgelehnt (d'Ancona, 1950; Zirnstein, 1987). Woltereck hatte, nicht zuletzt durch seine Zusammenarbeit mit Emigranten wie Lissner, die Aufgaben eines »Reichsprofessors« nicht erfüllt:

> »Die politische Einstellung Wolterecks, der seit 1931 in Ankara (Türkei) tätig ist, bewegte sich vor der Machtübernahme in Richtung der Demokratischen Partei. Mitglied der NSDAP ist der Beamte nicht. Wie mir berichtet wird, ist das Verhältnis Wolterecks zur deutschen Kolonie und zu den Parteidienststellen in Ankara schlecht. Umstände, aus denen seine jederzeitige Einsatzbereitschaft für den nat. soz. Staat zu schließen wären, sind nicht bekannt geworden. Jedenfalls hat Woltereck bisher nicht den geringsten Beweis für eine positive Einstellung zum Nationalsozialismus erbracht« (zit. nach Zirnstein, 1987: 119).

6. Wolfgang Neu

geb. 26.8.1907 in Leipzig
gest. 13.3.1947 in Berlin

Neu studierte von 1928 bis 1930 in Leipzig, u.a. bei R. Woltereck, und in Hamburg Naturwissenschaften und Medizin. Durch sein Biologiestudium kam er zu Jakob von Uexküll und arbeitete nach seinem Staatsexamen in dessen »Institut für Umweltforschung Hamburg«, sowie von 1930 bis 1932 in der Biologischen Anstalt Helgoland. Ab 1931 beschäftigte er sich mit Schiffsbewuchs im marinen Bereich. Im Rahmen seiner Examensarbeit unternahm er in Verbindung mit der Hamburgischen Schiffsbau Versuchsanstalt (HSVA) die ersten Versuche zur Erforschung von Bewuchsformen auf der Reede von Helgoland (Neu, 1932). Ebenfalls 1931 machte Neu zahlreiche Beobachtungen an gedockten Schiffen in Split am Mittelmeer.

Nach Angaben von H. Kühl wurde auf Initiative des damaligen Leiters der HSVA und Professors von Uexküll 1932 in Cuxhaven ein Laboratorium für

Bewuchsforschung errichtet. Nach Aussage seiner Frau Annemarie Neu und Hinweisen in Publikationen stammte diese Initiative jedoch von W. Neu selbst (Neu, 1936a). Doch kaum ein Jahr später ging Neu auf ein Angebot von Richard Woltereck, mit diesem in die Türkei zu gehen und dort einen Forschungsauftrag an der Universität Istanbul zu bekommen, sofort ein (mündl. Mitt. A. und G. Neu). Sein Nachfolger wurde ebenfalls ein Uexküll-Schüler, H. Kühl. Dieser erwähnt in einem kurzen Abriß der Geschichte der Bewuchsforschung in Deutschland nur den »Fortgang von Neu«, über die Gründe und Neus weiteren Lebensweg ist nichts zu erfahren (Kühl, 1963).

Tatsächlich verließ Neu Cuxhaven am 13.3.1933 und meldete sich als nach Leipzig verzogen ab. Zwei Tage zuvor hatte H. Kühl seinen Dienst als neuer Leiter der Bewuchsstation angetreten.[10]

Nach den zur Verfügung stehenden Quellen scheint es für den Weggang Neus aus Cuxhaven zwei Gründe gegeben zu haben: Zum einen erhielt er von Woltereck das erwähnte Angebot, am Zoologischen Institut in Istanbul Bewuchsforschung zu treiben. Zum anderen sind in der Familiengeschichte von W. Neu Gründe zu finden, die ihn veranlassen konnten, Deutschland zu verlassen. Sein Vater, ein bekannter Jurist in Leipzig, war in den zwanziger Jahren Stadtverordneter und Mitglied des Sächsischen Landtags und wurde im Jahre 1923 Justizminister in der Ende Dezember desselben Jahres abgesetzten SPD/KPD Regierung von Sachsen. Danach bekleidete er das Amt des Landgerichtsdirektors in Leipzig bis zum April 1933. Zu diesem Zeitpunkt wurde er aus dem Staatsdienst entlassen und erhielt Berufsverbot.[11]

Wolfgang Neu war während seiner Studienzeit in Leipzig Mitglied der Studentenorganisation der SPD gewesen, aber dort nie aktiv hervorgetreten (Berger, 1988).

Möglicherweise befürchtete Wolfgang Neu mit der Festigung der nationalsozialistischen Herrschaft ähnliche Repressalien, wie sie sich schon im April 1933 gegen seinen Vater vollzogen.
Noch im selben Monat verließ W. Neu mit seiner Frau Annemarie, die ebenfalls Biologin war, Deutschland und zog in die Nähe von Istanbul. Im Rahmen seiner Tätigkeit in der zoologischen Fakultät der Hochschule in Ankara (Neu, 1936b) und als Konservator am naturwissenschaftlichen Landesmuseum von Ankara unternahm er 1934 Bewuchsuntersuchungen an der Biologischen Station von Varna in Bulgarien. Anfang 1935 übernahm er einen Auftrag für das türkische Kriegsministerium zur Begutachtung von Bewuchsproben im Goldenen Horn von Istanbul (Neu, 1935a, b).

Wie aus einer Fußnote von Widmann (1972) hervorgeht, richtete Neu zusammen mit Professor Naville zwischen 1935 und 1936 einen alten Palast in Balta Liman am Bosporus für die Universität Istanbul als zoologische Station ein.
Parallel machte er taxonomische Studien an Fischen, die Woltereck in den anatolischen Seen gesammelt und ihm überlassen hatte (Neu, 1937). In diesem Zusammenhang steht auch eine Arbeit über Formstudien an Fischen (Neu, 1935).

Abb. 7
Rektorat der Universität Ankara mit Museum (Neu, 1938)

Wenig später veröffentlichte er eine ornithologische Arbeit über Kormorane am Bosporus (Neu, 1936c).

In der zoologischen Station in Istanbul arbeitete Neu u.a. mit Helmut Lissner zusammen, der nach Angaben von A. Neu in ein Nachbarhaus eingezogen war und zu dem bald so freundschaftliche Beziehungen bestanden, daß er sehr häufig bei Neus zu Gast war.

Als das Institut Ende 1937 geschlossen wurde, ging W. Neu Anfang 1938 zurück nach Deutschland und arbeitete in Bonn bei dem Phytopathologen Blunck über Ölfruchtschädlinge. Nach dem Kriege bekam W. Neu eine Anstellung bei der Biologischen Zentralanstalt für Land- und Fortwirtschaft in Bonn und war dort bis 1947 auf entomologischem Gebiet tätig.

7. Ernst Ehrenbaum

geb. 20.12.1861 in Perleberg
gest. 06.03.1942 in Marburg

Ehrenbaum studierte in Berlin, Würzburg und Kiel und promovierte 1884 in Kiel bei Karl Möbius über die Struktur der Muschelschalen. Auf Initiative von Walther Herwig wurde er 1888 der Leiter der Wanderstation des Deutschen Seefischerei Vereins, die nacheinander jeweils zeitlich befristet am Dollart, in Karolinensiel, Cuxhaven und Finkenwerder für spezielle Untersuchungen eingerichtet wurde. 1892 wechselte Ehrenbaum als Assistent zur Biologischen Anstalt Helgoland, wo er später Kustos für Seefischerei wurde.

Auf Vorschlag des Hamburger Fischereidirektors Hans Lübbert wurde er 1910 Leiter der neu eingerichteten Fischereibiologischen Abteilung des Naturhistorischen Museums Hamburg. Ehrenbaum wurde 1920 Mitglied der Deutschen Wissenschaftlichen Kommission für Meeresforschung und ab 1929 ihr stellvertretender Vorsitzender. Von 1926 bis 1936 war er als deutscher Experte beim ICES tätig. Aufgrund seiner umfangreichen Tätigkeiten wurde seine Pensionierung aus dem Staatsdienst mehrfach hinausgezögert und dann auf seinen siebzigsten Geburtstag festgelegt. Er selbst hatte um eine Weiterbeschäftigung sogar über diesen Zeitpunkt hinaus ersucht.[12] Am 19. Dezember 1931 fand im Museum für Völkerkunde eine Festveranstaltung zu Ehren seines Geburtstages statt, an der zahlreiche Wissenschaftler des In- und Auslandes teilnahmen und die große Anerkennung deutlich werden ließ, die Ehrenbaum genoß (Lübbert, 1949).

Nach seiner Pensionierung bekleidete er weiterhin zahlreiche Ehrenämter und wissenschaftliche Positionen, wie z.B. die des stellvertretenden Vorsitzenden der DWK. 1934 wurde er zum korrespondierenden Mitglied der zoologischen Gesellschaft in London ernannt. Nach dem Tode von Fridhjof Nansen, 1930, hatte man Ehrenbaum an dessen Stelle zum Mitglied des »Comité de Perfectionnement de l'Institute oceanographique Paris« gewählt. Für die Zeit nach seiner Pensionierung war ihm ein Arbeitsplatz in der von ihm geschaffenen Fischereibiologischen Abteilung des Naturhistorischen Museums Hamburg zugesagt worden.

Mit Beginn der nationalsozialistischen Herrschaft wurde Ehrenbaum nach und nach aus all diesen Ämtern und Ehrenämtern verstoßen. Seit 1910 hatte Ehrenbaum zusammen mit Lübbert den »Fischerboten« herausgegeben, den beide in den ersten Jahren gemeinsam redigierten. Später übernahm Ehrenbaum diese Aufgabe allein. Noch 1932 wurden die Reden während der Festsitzung zu Ehrenbaums siebzigsten Geburtstag im vollen Wortlaut abgedruckt. Im Januar Heft des Jahres 1933 sind sowohl Ehrenbaum , als auch Lübbert aus dem Impressum verschwunden. Im Editorial desselben Heftes erfährt der Leser, daß die Zeitschrift in finanziellen Schwierigkeiten stecke, aber eine Fortsetzung der Herausgabe geplant sei. Das Editorial fährt fort: »Professor Ehrenbaum hielt es jedoch für richtiger, ohne jede Kündigung die Schriftleitung, die er 11 Jahre innegehabt hatte, niederzulegen« (Anonymus, 1933). Die Streichung von Lübbert als Gründer der Zeitschrift wird mit keinem Wort begründet.

Ähnliches spielte sich bei der Fischereizeitung der »Der Fischmarkt« ab, für die Ehrenbaum jahrelang die Schriftleitung innegehabt hatte. Ohne weitere Erläuterungen wird im Editorial der Dezember Ausgabe von 1933 bekanntgegeben, daß ab Beginn des neuen Jahres »Professor Dr. Schnakenbeck die verantwortliche Schriftleitung übernimmt« (Anonymus, 1933).

Wenige Jahre später folgte der Ausschluß aus der Deutschen Wissenschaftlichen Kommission für Meeresforschung.

Auf der DWK Sitzung vom 17. bis 18. April 1936 im Institut für Völkerkunde in Hamburg vermerkt das Protokoll einen Bericht des DWK Vorsitzenden Staatssekretärs Heinrici am ersten Tag über die Vorkommnisse des Jahres:

»Der Vorsitzende gibt einen kurzen Bericht über die besonderen Ereignisse des Jahres. Der bisherige stellvertretende Vorsitzende der Kommission, Professor Ehrenbaum, und Fischereidirektor i.R. Dr. Lübbert, sind auf ihren Wunsch mit Zustimmung des Ministeriums aus ihren Ämtern geschieden« (unveröffentlichtes DWK-Protokoll, 1936).

In der veröffentlichten Version über den »freiwilligen Rücktritt« in den »Jahresberichten über die Deutsche Fischerei« stellt Heinrici das Ausscheiden von Ehrenbaum und Lübbert ohne weitere Erläuterungen fest (Heinrici, 1936). Die Version des freiwilligen Rücktritts zieht sich bis heute durch die Darstellungen der Geschichte der DWK (Bahr, 1962).

Seit 1926 hatten Ehrenbaum und Lübbert gemeinsam das »Handbuch der Seefischerei Nordeuropas« herausgegeben. Ab 1938 wurde ihnen dieses verboten (s.a. Lübbert). Die im Laufe des Jahres 1938 herausgegebenen Bände zeigen teilweise noch Ehrenbaum und Lübbert, teilweise nur Willer als Herausgeber (Handbuch der Seefischerei Nordeuropas, Bd. 8 und Bd. 3, H. 3, beide 1938).

Abb. 8
Ernst Ehrenbaum
(Dok. BFA f. Fischerei, Hamburg)

Abb. 9
Wilhelm Mielck
(Fischmarkt, 1933)

Schließlich wurde Ehrenbaum auch der ihm zugesagte Arbeitsplatz in der Fischereibiologischen Abteilung des Naturhistorischen Museums verweigert (Lübbert, 1949).

Der Grund für all diese Demütigungen und Ausschlüsse liegt in der jüdischen Herkunft Ehrenbaums. Sein Vater war zum evangelischen Glauben konvertiert, wodurch Ehrenbaum wohl kaum mit dem Bewußtsein jüdischer Identität aufwuchs. Umso schmerzlicher wurde nach dieser Assimilation die Verfolgung unter dem Nationalsozialismus empfunden (s.a. Lübbert).

Wie erwähnt, ist in den Biographien über Ehrenbaum oder die Geschichte der DWK von Demütigungen Ehrenbaums nichts zu lesen. Die einzige Ausnahme bildet sein Freund Lübbert, der fast all diese Erfahrungen mit ihm teilte.

8. Wilhelm Mielck

geb. 24.11.1878 in Hamburg
gest. 05.10.1933 auf Helgoland

Mielck studierte in Straßburg, Göttingen und Kiel und wurde schon während seiner Studienzeit 1906 Assistent bei K. Brandt im Kieler Laboratorium der DWK. Nach seiner Promotion im Frühjahr 1907 übernahm er am 1. November eine Assistentenstelle für die DWK an der Biologischen Anstalt Helgoland. Ab April 1909 wurde er etatsmäßiger Asistent an der Biologischen Anstalt. In dieser Zeit arbeitete Mielck sehr eng mit E. Ehrenbaum zusammen und setzte nach dessen Fortgang 1910 die Fischbrutuntersuchungen fort. Mielck wurde Ehrenbaums Nachfolger und damit Kustos für die Seefischerei. Seine Ernennung zum Professor erfolgte 1918, und Anfang 1921 wurde er als Nachfolger von Friedrich Heincke Leiter der Biologischen Anstalt Helgoland. 1926 folgte die Ernennung zum deutschen Delegierten beim ICES, ein Amt, das er bis zu seinem Tode innehatte (Heinrici et al., 1934).

In dem zitierten Nachruf ist nur von Mielcks frühem und unerwarteten Tod die Rede, genauere Gründe werden aber nicht genannt. Tatsächlich gibt es aber Hinweise, daß der Tod Mielcks in engem Zusammenhang mit der schikanösen Behandlung Ehrenbaums zu sehen ist:

> »Im Herbst des Jahres 1932 hatte ich von Schilksee aus im Auftrage von Professor von Buddenbrock anderthalb Monate in der Biologischen Anstalt wissenschaftliche Arbeiten auszuführen. Nach meiner Ankunft auf Helgoland mußte ich mich natürlich dem damaligen Direktor, Professor Mielck, vorstellen und ihm Grüße von Professor

von Buddenbrock übermitteln. Professor von Buddenbrock kannte Professor Mielck gut und war mit ihm befreundet, da er in den Sommersemesterferien fast jedes Jahr meeresbiologische Kurse für Studenten auf Helgoland abhielt.

Als ich im Frühjahr 1938 meine Assistentenstelle der DWK bei Dr. Kändler in Kitzeberg aufgegeben hatte, um mit einem Stipendium der DFG unter Professor von Buddenbrock in Helgoland weitere physiologische Forschungen an Meeresfischen vorzunehmen, mußte ich mich natürlich wieder dem Direktor vorstellen. Ich war sehr erstaunt, daß ich Professor Mielck nicht mehr begrüßen konnte, sondern Professor Hagmeier als Direktor vorfand. Auf meine Frage nach Professor Mielck wurde mir in eigenartig verschwommener Weise mitgeteilt, daß er schon vor Jahren verstorben wäre. Als ich mich nach den näheren Umständen seines Todes erkundigte, wurde mir schließlich von einem der dortigen Wissenschaftler hinter vorgehaltener Hand mitgeteilt, daß Professor Mielck letzten Endes auch ein Opfer des Nationalsozialismus geworden sei. Die Mitteilung, daß einer oder einige von ihm sehr geschätzten, besonders auch bei der Internationalen Meeresforschung hoch angesehenen Meeresbiologen, aus rassischen Gründen ihres Amtes enthoben worden seien, hätte ihn so aufgeregt, daß er kurz darauf an einem Herzanfall gestorben wäre. Ich weiß heute nicht mehr, ob die Mitteilung mir von Professor Wulff, Dr. Hertling oder Dr. Bückmann gemacht wurde. Für sie und ihren Inhalt kann ich mich aber heute noch gerichtlich verbürgen« (pers. Mitt. J. Henschel).

Neuere Untersuchungen im Rahmen der Aufarbeitung der Geschichte der Biologischen Anstalt Helgoland (Gentz-Werner, in Vorbereitung) bestätigen diese Aussage insoweit, daß Mielck als Leiter der BAH seit 1933 zahlreiche Auseinandersetzungen mit dem Ministerium und dem Ortsgruppenleiter der NSDAP, Karl Meunier, der gleichzeitig auch Mitarbeiter in der BAH war, hatte. Diese Auseinandersetzungen standen im Zusammenhang mit der Gleichschaltung der Anstalt und betrafen eine Fülle von Personalfragen.

9. Hans Lübbert

geb. 20.08.1870 in Hamburg
gest. 22.11.1951 in Hamburg

Für ihn wurde 1907 das Amt des Fischereidirektors in Hamburg geschaffen, das er bis 1932 bekleidete. Er gab wesentliche Anstöße zur Motorisierung der

Hochseekutter und der Entwicklung der Schleppnetz-Fischerei. Auf ihn gehen zahlreiche Initiativen zum Einsatz des Tiefkühlverfahrens in der Fischerei zurück. Darüberhinaus begann er als erster aufgrund der Untersuchungen des dänischen Biologen Johannes Schmidt eine Versandstation für Aalbrut aufzubauen. Während des Ersten Weltkriegs wurde Lübbert im Januar 1915 in den Vorstand der Zentral-Einkaufsgesellschaft berufen, dem er bis zum 15.3.1919 angehörte. Diese Gesellschaft entsprach etwa einer staatlichen Einfuhr- und Vorratsstelle, vornehmlich für Lebens- und Futtermittel mit dem Ziel, die Lebensmittelversorgung über Aufkäufe im neutralen Ausland zu organisieren (Meyer & Undütsch, 1921). Diese Tätigkeit führte ihn nach Südosteuropa, vor allem nach Rumänien und die Türkei, was ihn zu Studien über die Fischereiverhältnisse dieser Länder und zudem Ehrenbaum zu fischereibiologischen Untersuchungen anregte (Lundbeck et al., 1962).

Nach 1918 fungierte Lübbert drei Jahre als Leiter der Deutschen Seefischerei AG Cuxhaven, um danach wieder als Fischereidirektor in Hamburg tätig zu werden.

In dieser Zeit wurde Lübbert international sehr bekannt und ein begehrter Berater für Fischereifragen im Ausland, was ihn 1928 nach Chile und 1930 nach Ägypten führte (Bückmann, 1952).

1930 erhielt Lübbert die Ehrendoktorwürde der medizinischen Fakultät der Universität Hamburg und lehrte von 1928 bis 1933 an der Universität über Fischereifragen. Ab 1920 war er Mitglied der Deutschen Wissenschaftlichen Kommission für Meeresforschung und nahm als Fahrtleiter an einigen Forschungsfahrten der DWK teil.

Aufgrund seines jüdischen Vaters ereilte ihn ab 1933 ein ähnliches Schicksal wie Ehrenbaum. Seine Lehrbefugnis wurde noch 1933 aufgehoben (Hamburger Anzeiger, 19.8.1950). Im Rahmen der Gleichschaltung des Deutschen Fischerei Vereins mußte er den Verwaltungsrat verlassen: »Auf eigenen Wunsch schieden Prof. P. Schiemenz und Dr. H. Lübbert aus dem Verwaltungsrat aus« (Meyer-Waarden, 1970). Soweit er noch in weiteren staatlichen Gremien aktiv war, wurde er 1933 aus allen Stellungen entfernt (Hamburger Echo, 10.10.1947).

In der Fischereizeitung der »Fischmarkt« findet sich hierzu eine aufschlußreiche Passage:

> »Fischereidirektor H. Lübbert, der am 20. August 1933 das 63. Lebensjahr vollendete und damit die gesetzliche Altersgrenze erreichte, ist vom Hamburger Senat auf Grund des Beamtenruhestandsgesetzes mit Ablauf des 30. November 1933 in den e n d g ü l ti g e n (Sperrung im Original) Ruhestand versetzt. Das außerordentliche Verdienst, das Dr. Lübbert sich in mehr als 30 jährigem Wirken um die deutsche Fischerei erworben hat, ist in der Fachpresse so oft gewürdigt worden, daß sich eine Wiederholung an dieser Stelle erübrigt« (Anonymus, 1933).

Ebenfalls 1933 wurde Lübbert kommentarlos aus dem Impressum des »Fischerboten«, dessen Mitbegründer er war, gestrichen (s.a. Ehrenbaum).

Zusammen mit Ehrenbaum wurde Lübbert 1936 aus der DWK ausgeschlossen. Auch für ihn wurde die Version des freiwilligen Rücktritts verbreitet, die bis heute in Biographien auftaucht (s.a. Bückmann, 1952).

1938 folgten weitere Schikanen: »Mir selbst wurde im Jahre 1938 durch die nationalsozialistische Regierung verboten, weiter als Herausgeber des Handbuchs zu arbeiten« (Lübbert, 1946).

Wie erwähnt, wurde ab 1938 die Herausgeberschaft von Willer, dem Leiter der Reichsanstalt für Fischerei, übernommen. Diese Anstalt war in demselben Jahr gegründet worden, was möglicherweise den Zeitpunkt des Verbots für Lübbert und die Übernahme durch Willer erklärt. Als etwas seltsam mutet daher nach 1945 die gemeinsame Herausgeberschaft von Lübbert und Willer an, da letzterer erstens das Verbot durch seine Übernahme mittrug und zudem in seiner Eigenschaft als Leiter der Reichsanstalt für Fischerei bei der Schließung von Arbeitsverträgen darauf achtete, daß »der Nachweis der arischen Abstammung erfolgt ist« (Willer, 1939).

Abb. 10
Hans Lübbert
(dpa)

Abb. 11
Wolfgang von Buddenbrock
(Gerti von Buddenbrock)

Lübbert und seine Familie lebten nicht in einer bewußten jüdischen Identität. Die antisemitischen Verfolgungen und Demütigungen wurden als große Schande für die Familie und unbegreiflich angesehen (pers. Mitt. E. Lübbert). Offensichtlich war Hans Lübbert der Überzeugung, daß durch seine Tätigkeit in der Einkaufsgesellschaft während des Ersten Weltkriegs und durch die Tatsache, daß er seinen ältesten Sohn verloren und ein weiterer schwer verletzt worden war, vor einer Verfolgung geschützt sei.

Nach 1945 wurde Lübbert wieder Fischereidirektor in Hamburg und war wesentlich am Wiederaufbau der Fischerei und Fischereiforschung beteiligt. Für das Wirken Lübberts aus dieser Zeit sei beispielhaft ein Ereignis aus dem Jahr 1945 zitiert. Der ehemalige Leiter des Instituts für Ostseefischerei Swinemünde, P.F. Meyer, hatte eine Lastwagensendung mit Gerät und Büchern aus jenem Institut für Anfang Juli angekündigt und bei Lübbert angefragt, ob diese Gegenstände vorläufig im Gebäude der Seefahrtsschule untergebracht werden könnten. Bei deren Ankunft stellte der bekannte Fischereibiologe Adolf Bückmann fest, daß ein großer Teil der Ladung aus der Bibliothek des polnischen Seefischereiinstitutes im damaligen Gotenhafen stammten. Lübbert unterrichtete unverzüglich Senatsdirektor Grau, der entschied, daß die Bücher an die polnische Regierung zurückgegeben werden müßten. Vorläufig wurden die Bücher der britischen Militärverwaltung übergeben (Lübbert, 1945).

Der Leiter des Instituts für Ostseefischerei, P.F. Meyer, hatte Ende 1939 nach dem Überfall auf Polen durch den Leiter der Reichsanstalt für Fischerei, A. Willer, den Auftrag bekommen, das Inventar des polnischen Fischereinstituts in Gdynia »sicherzustellen«, also zu beschlagnahmen (Willer, 1939).

P.F. Meyer-Waarden stellte auch später noch diese Beschlagnahme als »Sicherstellung« bis zur Rückgabe der Bücher an die polnische Regierung dar. Den exakten Vorgang im Juli/August 1945 ließ er unerwähnt (Meyer-Waarden, 1962).

1948 wurde Hans Lübbert auf Grund seiner Verdienste um die Fischerei ehrenhalber der Professorentitel der Universität Hamburg verliehen (Bückmann, 1952).

10. Wolfgang von Buddenbrock

geb. 25.03.1884 in Bischdorf
gest. 11.04.1964 in Mainz

Als Nachfolger Karl Brandts auf dem Lehrstuhl der Zoologie in Kiel nach dem ersten Weltkrieg war er einer der ersten Physiologen, der sich vor allem mit marinen Organismen befaßte. Während seiner Tätigkeit in Kiel wurde er zum Mitglied der Deutschen Wissenschaftlichen Kommission für Meeresforschung (DWK) ernannt. Sein Hauptforschungsgebiet lag auf der vergleichenden Physiologie mariner Organismen. 1928 - 1931 wurden unter seiner Anleitung in Schilksee bei Kiel Versuche zur Erbrütung von Schollen und Flundern in großem Maßstab durchgeführt. Diese hatten das Ziel, durch den Aussatz der Brut der Fischerei in der westlichen Ostsee zu helfen. Obwohl diese Maßnahmen erfolglos blieben, lieferten die Versuche wertvolle Erkenntnisse für alle weiteren Züchtungsversuche von Meeresfischen (Anonymus, 1965).

1936 hielt von Buddenbrock auf der Basis der Untersuchungen von J. Henschel und H. Friedrich vor dem ICES ein international vielbeachtetes Referat über den Nutzen der Physiologie für die Meeresbiologie. Doch in der Biographie von 1965 ist folgender Satz zu finden: »1936 ging er infolge eines Konflikts mit der NSDAP nach Halle« (Anonymus, 1965).

Tatsächlich hatte sich von Buddenbrock Mitte 1935 in einem Brief an die Universitätsleitung über den damaligen Gauleiter von Kiel, Hinrich Lohse, beschwert. Dieser Brief wurde Anfang 1936 Lohse hinterbracht, was einer Denunziation gleichkam. Von Buddenbrock wurde daraufhin vom Gauleiter unter Streichung aller Dienstbezüge seines Amtes enthoben. Nur durch die persönliche Intervention des Universitätskurators Sitzler wurde die Amtsenthebung in eine Strafversetzung nach Halle an der Saale umgewandelt (pers. Mitt. G. von Buddenbrock; Remane, 1968).

Die Strafversetzung durfte nicht als solche benannt werden. Jedem Mitglied des Instituts wurde per Strafandrohung untersagt, von Strafversetzung zu sprechen (pers. Mitt. Henschel). Das DWK Protokoll vom 17. April 1936 vermerkt für den Bericht des Vorsitzenden Heinrici über die Vorkommnisse des laufenden Jahres: »Von den Mitgliedern der Kommission ist Professor von Buddenbrock nach Halle versetzt,...« (DWK-Protokoll, 1936).

Eine Versetzung von Hochschullehrern gab es normalerweise nicht, insofern jedem Mitglied der DWK klar gewesen sein dürfte, daß es sich hier um eine Strafversetzung handeln mußte. Solche Versetzungen sollen aber tatsächlich im ersten Halbjahr des Jahres 1936 häufiger verfügt worden sein, um für die NSDAP unliebsame Professoren aus ihren bisherigen Universitäten zu entfernen (pers. Mitt. Gerti von Buddenbrock).

Das DWK-Protokoll erwähnt keinerlei Diskussion um diese eigentümliche Ankündigung. Auch von Buddenbrock, der auf der Sitzung selbst anwesend war, gab keinerlei Erläuterungen zu diesem Punkt (pers. Mitt. Henschel). In der offiziellen und publizierten Version wurde der Vorgang als »Übersiedlung« dargestellt: »Professor Dr. v. Buddenbrock ist von Kiel an die Universität Halle (Saale) übergesiedelt« (Heinrici, 1936).

Nach 1936 blieb von Buddenbrock weiterhin Mitglied der DWK, obwohl seine Arbeitsmöglichkeiten für die Fortsetzung mariner physiologischer Forschungen stark eingeschränkt waren. Vor allem durch seinen Assistenten J. Henschel gelang es, diesen Forschungszweig nicht völlig aufgeben zu müssen. Denn 1938 konnte von Buddenbrock Henschel ein Stipendium für physiologische Forschungen an der Biologischen Anstalt Helgoland verschaffen.

Bemerkenswert ist die Tatsache, daß trotz der Versetzung von Buddenbrocks und der damit verbundenen Auflösung der marinen physiologischen Forschung in Kiel seine Arbeiten international große Beachtung fanden. 1939 hielt Henschel vor dem ICES einen Vortrag über weitere Ergebnisse seiner physiologischen Arbeiten, von denen eine später vom MAFF in Lowestoft ins Englische übersetzt und international verbreitet wurde (pers. Mitt. J. Henschel). Zudem finden sich in den DWK-Protokollen von 1936 bis 1942 immer wieder Diskussionen über physiologische Themen. 1942 erhielt von Buddenbrock einen Ruf nach Wien. Am Ende des Krieges ging er nach Marburg, um dann bis zu seiner Emeritierung 1954 in Mainz zu arbeiten (Anonymus, 1965).

Es stellt sich die Frage, wieso der Verlust einer wichtigen Forschungsrichtung aufgrund einer Denunziation von dem Kollegenkreis des damaligen Kieler Zoologischen Institut hingenommen wurde.

Der Zeitpunkt und die Umstände der Strafversetzung von Buddenbrocks lassen Zweifel darüber aufkommen, daß es sich nur um eine persönliche Fehde zwischen ihm und dem Gauleiter von Kiel handelte. Auch die einzige von Remane verfaßte schriftliche Darstellung, nach der der Grund für die Strafversetzung in einem Konflikt um das Gehalt eines Hilfspräparators gelegen habe, erscheint nicht sehr überzeugend (Remane, 1968). Stattdessen ergeben sich vielmehr Verbindungen zur Gründung des Instituts für Meeresforschung in Kiel ein Jahr später.

Nach ersten Ideen und Plänen in den Jahren 1931-32 (pers. Mitt. Henschel) beantragte 1933 die Philosophische Fakultät der Kieler Universität die Einrichtung eines besonderen Instituts für Meereskunde. Hierzu verfaßte Remane nach Angaben

Abb. 12
Wolfgang von Buddenbrock
(Gerti von Buddenbrock)

von Sekundärquellen eine Denkschrift, in dem der Plan eines biologischen und chemischen Zentrums für Meeresforschung entworfen wurde (Sitzler, 1937; Krauß, 1990). Remane selbst stellte die Position der Meeresforschung in Kiel 1933 als sehr gefährdet dar. Die Lehrstuhle von Reibisch und Nienburg sollten nicht wieder besetzt werden. Zudem sollte die Preußische Kommission zur Erforschung der deutschen Meere aufgelöst und ihr Eigentum an die DWK übergeben werden. So hätten mehrere ihrer Mitglieder (Johannes Reibisch, Curt Hoffmann, Neubauer und Adolf Remane) den Plan zur Gründung eines eigenen Meeresforschungsinstituts an der Kieler Universität gefaßt. Aus der Fakultät seien sie insbesondere von August Thienemann, Schmieder und Erich Wasmund unterstützt worden (Remane, 1968). 1935 reichte die Fakultät einen Plan beim Kultusministerium in Berlin ein, der Remane zur Überarbeitung weitergeleitet wurde. Dieser befand sich zu diesem Zeitpunkt in Halle, wohin Remane einen Ruf nach seiner Habilitierung bei von Buddenbrock erhalten hatte. Von Buddenbrock war ebenfalls sehr an der Gründung des Meeresforschungsinstituts interessiert und versprach sich vor allem eine Etablierung seiner zusammen mit J. Henschel und H. Friedrich gerade begonnenen meeresphysiologischen Forschungen. Nach der Strafversetzung von Buddenbrocks nach Halle wurde Remane auf dessen Lehrstuhl berufen und kehrte nach Kiel zurück (Remane, 1968). Bei der Gründung des IfM gab es unter der Leitung Remanes eine biologische Hauptabteilung mit den vier Unterabteilungen Zoologie, Botanik, Bakteriologie und Fischereibiologie (Sitzler, 1937; Remane, 1940).

In seiner Ansprache zur Einweihung des Instituts ging Remane ebenfalls nicht auf die physiologische Forschung in Kiel ein.

Er erwähnte zwar den Vorgänger von Buddenbrocks Brandt, die nachfolgende Besetzung des Lehrstuhls aber nicht (Remane, 1937). Auch in späteren Artikeln über die Geschichte des IfM und seiner Vorläufer taucht eine physiologische Forschungsrichtung nicht auf (Remane & Wattenberg, 1938; Wüst et al., 1956; Krauß, 1990). Tatsächlich gibt es Hinweise, daß hinter der Versetzung von Buddenbrocks eine Auseinandersetzung um die physiologische oder morphologische Ausrichtung des Lehrstuhls für Zoologie an der Universität und damit der zoologischen Richtung am IfM existierte. Obwohl Remane Assistent bei von Buddenbrock war, verfolgte er mehr eine morphologisch Forschungsrichtung, die sich auch in seiner intensiven Lehrtätigkeit niederschlug. Von Buddenbrock hatte ihm und seinem Assistenten Friedrich Eggers fast die gesamten Lehraufgaben anvertraut. Nach dem Weggang Remanes nach Halle gab es starke Bestrebungen innerhalb der Fakultät, ihn nach Kiel zurückzuholen. In diesem Zusammenhang scheint auch ein Ruf zu stehen, den von Buddenbrock Ende 1935 nach Berlin erhielt. Diesen lehnte von Buddenbrock ab, da er wegen der Möglichkeiten für marine Forschungen in Kiel bleiben wollte. In dieser Situation wurde Lohse der nun ein halbes Jahre alte Brief von Buddenbrocks zugespielt, um auf diese Art den Lehrstuhl für Zoologie für einen Morphologen frei zu machen (pers. Mitt. Gerti von Buddenbrock). Wer diese Intrige gesponnen hat, wird wahrscheinlich nicht mehr aufzuklären sein, da alle Personalakten der Universität und die Protokolle der Fakultätssitzungen während des Krieges verbrannt sind.

Erst mit der Berufung von Carl Schlieper, der ein Schüler von Buddenbrocks war, aber auch durch die Arbeiten von O. Kinne wurde nach dem Kriege die zoophysiologische Forschung im IfM Kiel wieder etabliert (Flügel, 1989).

11. Johannes Henschel

geb. 02.03.1905 in Grunfier (Posen)

Henschel studierte in Göttingen und promovierte 1928 bei Alfred Kühn. Nach einem Gespräch zwischen Kühn und von Buddenbrock in Neapel konnte er Anfang 1929 in Schilksee physiologische Untersuchungen beginnen. 1928 war der Deutschen und der Preussischen Meeresforschungs-Kommission von der Marine eine alte Torpedofabrik zur Verfügung gestellt worden, die dann zum Zoologischen Institut gehörte. Die Halle der Fabrik wurde zum Meereslaboratorium ausgebaut. Dort arbeiteten zuerst Schlieper für die PWK und Roch für die DWK bis Ende 1929. Von demselben Jahr an begann Henschel dort meeresphysiologische Untersuchungen an Invertebraten und später auch an Fischen, die er bis zum Herbst 1936 fortsetzen konnte. In diesem Laboratorium fanden die Erbrütungsversuche von Schollen und Flundern statt zum Zwecke einer Stärkung der Ostseebestände, welche von J. Henschel durchgeführt wurden und unter der Leitung von Buddenbrocks standen (von Buddenbrock, 1930 u. 1933).

> »Seit dem Jahre 1928 besteht in Schilksee eine Eierzuchtanstalt, in der die Frage systematisch erforscht werden sollte, ob es sich in den deutschen Gewässern lohnt, nach dem Vorbilde gewisser Zuchtanstalten in Norwegen und Schottland die Eier verschiedener Seefische auszubrüten. Diese Arbeiten sind seinerzeit auf ausdrücklichen Wunsch des damaligen Reichsministers für Ernährung und Landwirtschaft Dietrich begonnen worden« (von Buddenbrock, 1935).

Dieses Laboratorium und die dort durchgeführten Arbeiten tauchen bei den Darstellungen über die Vorgeschichte des Instituts für Meereskunde Kiel, soweit sie von Remane gegeben werden, nicht auf. Doch stellen sie ein wichtiges Element dar, da von Buddenbrock über diese Untersuchungen einen Einstieg in die biologische Meeresforschung erreichen wollte, um einen maßgeblichen Einfluß auf die Richtung und Besetzung der Leitung des zukünftigen Instituts geltend zu machen. Die von J. Henschel durchgeführten Untersuchungen dienten auch diesem Ziel.

Abb. 13
Labor der DWK in Schilksee (Buddenbrock, v., 1935)

Nach der Strafversetzung von Buddenbrocks wurde Henschel zuerst von Remane übernommen, von dem er zur DWK ging. Wie erwähnt, konnte von Buddenbrock 1938 Henschel ein Stipendium an der Biologischen Anstalt Helgoland vermitteln, doch wurde auch Henschel von der Strafversetzung von Buddenbrocks schwer getroffen. In einem Gutachten von 1946 schrieb von Buddenbrock:

> »Als ich 1936 wegen Streitigkeiten mit dem Gauleiter Lohse aus Kiel nach Halle versetzt wurde, geriet Dr. Henschel in Schwierigkeiten, da man ihn nicht mehr voll anerkannte. Nur durch die fortwährenden Zurücksetzungen ist es dazu gekommen daß dieser wissenschaftlich hochverdiente Mann auch noch keine feste Lebensposition gefunden hat. Die Ursachen mögen zum Teil damit zusammenhängen, daß Henschel zu meinen engsten Mitarbeitern gehörte und derart mein Sturz auch ihn mitriß. Auf diese Art ist er mindestens indirekt durch den Nationalsozialismus geschädigt worden«.[13]

12. Bewertung

Eine abschließende Bewertung der genannten Schicksale und Vorgänge ist sicherlich nicht möglich. Auch wenn nach den bisher zugänglichen Quellen eine Menge neuer Informationen zu erhalten waren, bleiben immer noch viele Fragen offen. Versucht man auf dieser Basis eine gewisse Zusammenfassung, so läßt sich folgendes feststellen: Hinsichtlich derjenigen, die emigrierten, wird an den wenigen genannten Beispielen -auch in der Meeresbiologie liegt die tatsächliche Zahl der Emigranten wahrscheinlich wesentlich höher als bisher bekannt - deutlich, daß die Vertreibung aus Deutschland mit dem Verlust der beruflichen Tätigkeit einherging. Die bisherigen Schwerpunkte der Arbeit konnten gar nicht mehr oder nur am Rande wahrgenommen werden. Zudem überschattete die Sorge um die Existenz das ganze weitere Leben.

Im Falle der Auslandsberufungen, wie bei R. Woltereck, ist davon auszugehen, daß dieser nicht mit den politischen Ambitionen, die ihm vom Auswärtigen Amt zugedacht waren, in die Türkei ging und dort entsprechend tätig war (s.a. Zirnstein, 1987). Seine Zusammenarbeit mit Emigranten wurde ihm und anderen zum Vorwurf gemacht.

So wird im Scurla Bericht über den 1937 in die Türkei emigrierten Zoologen Kosswig vermerkt: »Aufgrund seines Verhaltens und seiner engen Beziehungen zu den gleichfalls in Istanbul tätigen Nichtariern ist er als politischer Emigrant zu betrachten« (Scurla Bericht, S. 94, zit. n. Grothusen, 1984). Für Woltereck und auch Neu galt dies zweifelsohne nicht, doch waren sie auch nicht im Sinne der sogenannten »Reichsprofessoren« tätig geworden. Darüberhinaus sind auch zwischen diesen beiden Wissenschaftlern Unterschiede auszumachen. Denn Neu bediente sich im Gegensatz zu Woltereck in Publikationen in der Türkei einer nationalistischen Rhetorik, die stark den Eindruck einer Anbiederung macht: »Für uns ist das Bewußtsein, an der Verbreitung deutschen Kulturguts zu arbeiten und in der Heimat Anerkennung zu finden, der Ansporn, auf dem beschrittenen Wege weiterzugehen.« (Neu, 1935b) Widersprüchlich ist auch, daß er in einer Bibliographie über zoologische Arbeiten in der Türkei den hohen Anteil deutscher Wissenschaftler hervorhebt und dennoch zahlreiche Emigranten zitiert (Neu & Kummerlöwe, 1939). Neu publizierte diese Bibliographie zusammen mit Kummerlöwe, der aktiver Nationalsozialist war (pers. Mitt. Hünemörder).

Diejenigen, die in Deutschland blieben und wegen ihrer jüdischen Herkunft verfolgt wurden, vertrieb man konsequent aus all ihren Ämtern und Positionen, unabhängig von der Rolle, die sie vorher als anerkannte Wissenschaftler gespielt hatten. In den meisten der bisher veröffentlichten Biographien fällt auf, daß bei Lissner, Ehrenbaum und Lübbert deren jüdische Herkunft als eigentlicher Grund ihrer Verfolgung nicht explizit genannt wird, als ob es sich um eine weitere Denunziation handeln würde. Die formale Grundlage ihrer Verfolgung, das Gesetz zur Wiederherstellung des Berufsbeamtentums, bleibt völlig unerwähnt.

Aus den Denunziationen von Arndt und von Buddenbrock scheint mir ein gemeinsamer Aspekt wichtig. Intrigen und Konkurrenz gab und gibt es in jedem Institut. Der Zusammenschluß zu bestimmten Fraktionen in universitären oder Instituts-Gremien folgt nicht immer rationalen wissenschaftlichen Kriterien. Unter einer totalitären Herrschaft können nicht offen ausgetragene Konflikte wie bei Arndt tödlichen Ausgang haben, wie bei von Buddenbrock möglicherweise die Richtung der Forschung in einem Institut entscheidend beeinflussen.

Danksagung

Für zahlreiche Anregungen, Hilfen bei den Recherchen und kritischen Anmerkungen zum Manuskript möchte ich mich bei folgenden Kollegen herzlich bedanken: S. Beddig, G. von Buddenbrock (auch für Abb. 12 u. 13), M. Dzwillo, H. Friedrich, C. Hünemörder, E. Krause, W. Lenz, B. Lohff, E. Lübbert, A. und G. Neu, H. Rumohr, M. Stutzbach-Michelsen, G. Wegner, H. Weidner, und U. Wendland.

Literatur

Anonymus (1933), In eigener Sache. Fischerbote, 25, 1, 3.

Anonymus (1965), Wolfgang von Buddenbrock. Ber. Dtsch. Wiss. Komm. Meeresforsch., 18, 1, 107 - 109.

Ancona, d', U., 1950, Profili di Biologi Richard Woltereck. Riv. Biol., 62, 1, S.1.

Bahr, K. (1962), Rückblick auf die Entwicklung der Deutschen Wissenschaftlichen Kommission für Meeresforschung. Ber. Dtsch. Wiss. Komm. Meeresforsch., 17, 1, 34 - 44.

Berger, T. (1988), Die Entstehung und Entwicklung der sozialistischen Studentenbewegung an der Universität Leipzig in den Jahren 1918-1933. Dipl. Arb. Sekt. Gesch. KMU, 52 S..

Brandt, A. v. (1954), Das wissenschaftliche Werk Alfred Willers. Arch. Hydrobiol., 48, 4, 559-589.

Brehm, V. (1959), In memoriam Professor Dr. Richard Woltereck. Int. Rev. ges. Hydrobiol. Hydrogr., 44, 1-9.

Bückmann, A. (1952), Hans Lübbert. Ber. Dtsch. Wiss. Komm. Meeresforsch., 13, 1, 79 - 87.

Buddenbrock, W. v. (1930), Die für die D.W.K. 1928 - 29 durchgeführten Arbeiten. Ber. dt. wiss. Komm. Meeresforsch., N.F., 5, 222-229.

Buddenbrock, W. v. (1933), Bericht über die in Schilksee bei Kiel in den Jahren 1928 - 1931 durchgeführten Erbrütungsversuche an Schollen. Ber. dt. wiss. Komm. Meeresforsch., N.F., 6, 79-89.

Buddenbrock, W. v. (1935), Bericht über die Arbeiten, die in den Jahren 1930-1933 im Auftrage der DWK in Kiel und Schilksee durchgeführt wurden. Ber. DWK, N.F. 7, 123-128.

Deutsche Wissenschaftliche Kommission für Meeresforschung (1936), Protokoll der Sitzung vom 17./18. April 1936 im Institut für Völkerkunde Hamburg. DWK-Archiv, Bundesforschungsanstalt f. Fischerei, Hamburg.

Flügel, H. J. (1989), In memoriam Carl Schlieper. DGM-Mitt., 4, 20 - 21.

Freydank, W. (1989), 100 Jahre Museum für Naturkunde, Berlin, s.38.

Grothusen, K.V. (1984), Die deutsche wissenschaftliche Emigration in die Türkei 1933 - 1945. Unter besonderer Berücksichtigung Hamburgs. 1933 in Gesellschaft und Wissenschaft, Universität Hamburg, 189 - 206.

Grothusen, K.D. (1987), Der Scurla-Bericht. Dagyeli, Bonn.

Heinrici, C. (1934), Dem Andenken an Wilhelm Mielck. Ber. DWK, N.F., 7, 3, 117-144.

Heinrici, C. (1936), Die Arbeiten der Deutschen Wissenschaftlichen Kommission für Meeresforschung. Jahresberichte über die Deutsche Fischerei 1935, S.234.

Heinrici, C. (1940), Einleitung. Ber. Dtsch. Wiss. Komm. Meeresforsch., 9, NF, 5 -7.

Herre, W. (1984), Curt Kosswig - Leben und Wirken. Mitt. hamb. Zool. Mus. Inst., Ergbd. 80, 9-17.

Krauß, W. (1990), The Institute of Marine Research in Kiel. In: W. Lenz, M. Deacon (eds.): Ocean Sciences: Their History and Relation to Man. Dt. hydrogr. Z. Erg.-H. B, Nr. 22, 131-140.

Kühl, H. (1963), Die Bewuchsforschung in Deutschland. Schiff und Hafen, 15, 5, 457 - 460.

Lübbert, H. (1932), Festsitzung aus Anlaß des 70. Geburtstag von Professor Ehrenbaum im Museum für Völkerkunde am 19.11.1931. Fischerbote, 24, 1, 1 -25.

Lübbert, H. (1945), Aktennotiz 6.8.1945. Bundesarchiv Koblenz, R 162/146.

Lübbert, H. (1946), Brief an Pr. M. Bogucki, Gdynia vom 7.11.1946. Bundesarchiv Koblenz, DSV, Reichsanst. f. Fisch., R 162/146.

Lübbert, H. (1949), Ernst Ehrenbaum. Ber. Dtsch. Wiss. Komm. Meeresforsch., 11, 4, 434 - 442.

Lundbeck, J.; Schubert, K. & G. Krefft (1962), Die Geschichte der Institute. Institut für Seefischerei. Arch. FischWiss., 13, 1, 42 -56.

Meyer, O. & F. Undütsch (1921), Die Zentral-Einkaufsgesellschaft mbmH. in Berlin. Berlin.

Meyer-Waarden, P.F. (1962), Die Geschichte der Institute. Institut für Küsten- und Binnenfischerei. Arch. FischWiss., 13, 1, 72 - 80.

Meyer-Waarden, P.F. (1970), Der Reichsverband der Deutschen Fischerei im Dritten Reich. Aus der Deutschen Fischerei. Geschichte einer Fischereiorganisation. Heenemann, Berlin, 229-283.

Neu, W. (1932), Untersuchungen über den Schiffsbewuchs. Int. Rev. ges. Hydrobiol. Hydrogr., 27, 105 - 119.

Neu, W. (1935a), Balanus eburneus Gould und Balanus improvisus Darwin als Bewuchs ausgehängter Platten im Goldenen Horn von Istanbul. Zool. Anz., 112, 92 - 95.

Neu, W. (1935b), Erfolge deutscher Arbeit in der Türkei. Drei Schilde, Malerzeitung, 56, 1025-1026.

Neu, W. (1935c), Hydromechanische Untersuchungen an Fischen zur Lösung des Formenproblems. Int. Rev. ges. Hydrobiol. Hydrogr., 32, 295 - 314.

Neu, W. (1936a), Schiffsbodenfarben. Chem. Z., 96, 978.

Neu, W. (1936b), Die Entwicklung naturwissenschaftlicher Museen in der Türkei. Bund der dtsch. naturwiss. Museen. Abt. B dtsch. Museumsbundes, 5 S..

Neu, W. (1936c), Kormoran Beobachtungen am Bosporus. Ist. Univ. Fen. Fak. Mec., 2, 1.

Neu, W. (1937), Cyprinodon Sureyanus n. sp. aus dem Burdur Göl. Ist. Univ. Fen. Fak. Mec., 2, 2, 109 - 113.

Neu, W. (1938), Bedeutung und Stand der naturwissenschaftlichen Museen auf dem Balkan und in der Türkei. Leipzig. Vierteljahreschr. Südosteuropa, 2, 2, 145-152.

Neu, W. & Kummerlöwe, H. (1939), Bibliographie der zoologischen Arbeiten über die Türkei und ihre Grenzgebiete. Leipzig, Harrassowitz, 62 S..

Pax, F. (1952), In memoriam Walther Arndt. Hydrobiol., 4, 3, 302-315.

Peters, P. (1963), 150 Jahre Humboldt-Universität Berlin. Berlin, 595-603.

Remane, A. (1937), Die Bedeutung der Kieler Bucht für die allgemeine Meeresforschung. In: Die Universität Kiel und Schleswig-Holstein. Reden und Vorträge zur »Woche der Universität Kiel« (14.-21.6.1937), Wachholtz, Neumünster, 99 - 101.

Remane, A. & Wattenberg, G. (1938), Das Institut für Meereskunde an der Universität Kiel. Kieler Meeresforsch., 3, 1-16.

Remane, A. (1940), Die Vertreter der Zoologie, Meereskunde und Limnologie. In: Ritterbusch et al. (Hrgb.) Festschrift zum 275jähjrigen Bestehen der Christian-Albrechts Universtitä Kiel, Hirzel, Leipzig, 371-380.

Remane, A. (1968), Zoologie und Meereskunde. In: Jordan, K. (Hrsg.) Geschichte der Mathematik, der Naturwissenschaften und der Landwirtschaftswissenschaften. Geschichte der Christian-Albrechts Universität Kiel, 1665-1965, Bd.6, 161-179.

Rensch, B. (1979), Lebensweg eines Biologen in einem turbulenten Jahrhundert. Fischer, Stuttgart, New York, 276 S..

Strauss, H.A., T. Buddensieg & K. Düwell (1987), Emigration. Deutsche Wissenschaftler nach 1933. Entlassung und Vertreibung. TU Berlin.

Sitzler (1937), Einweihung des neuen Instituts für Meereskunde in Kitzeberg bei Kiel am 15. Juni 1937. In: Die Universität Kiel und Schleswig-Holstein. Reden und Vorträge zur »Woche der Universität Kiel« (14.-21.6.1937), Wachholtz, Neumünster, 99-101.

Weissenberg, R. (1911), Über Microsporidien aus dem Nervensystem von Fischen (Glugea lophii Doflein) und die Hypertrophie der befallenen Ganglienzellen. Arch. mikr. Anat., 78, 383.

Weissenberg, R. (1951), Positive result of a filtration experiment supporting the view that the agent of the lymphocystis disease of fish is a true virus. (Abtr.291) Anat. Rec., 111, 3, 166.

Weissenberg, R. (1965), Fifty years of research on the lymphocystis virus disease of fishes (1914 - 1964). Ann. N.Y. Acad, Sci., 126, 1, 362-374.

Werner, P. (in Vorbereitung), Aus der Geschichte der Biologischen Anstalt Helgoland 1876 - 1945.

Widmann, H. (1972), Exil und Bildungshilfe. Die deutschsprachige akademische Emigration in die Türkei nach 1933. Bern, Frankfurt. 253 S..
Willer, A. (1939), Brief vom 9.12.1939 an P.F. Meyer. Bundesarchiv Koblenz, DSV, Reichsanstalt f. Fischerei, R 162/146.
Wüst, G., Hoffmann, C., Schlieper, C., Kändler, R., Krey, J. & R. Jaeger (1956), Das Institut für Meereskunde der Universität Kiel nach seinem Wiederaufbau. Kieler Meeresforsch., 12, 2, 127-153.
Zirnstein, G. (1987), Aus dem Leben und Wirken des Leipziger Zoologen Richard Woltereck (1877-1944). NTM-Schriftenr. Gesch. Naturwiss. Technik, Med. Leipzig, 24, 2, 113-120.

Urkundliche Quellen

1. Dokumentation der Bundesforschungsanstalt für Fischerei Hamburg
2. Lundbeck et al. S. 49
3. SPSL, 201/3
4. Borley, 1938 in SPSL, 201/3/328
5. SPSL, 201/3/361
6. SPSL, 201/3/372
7. SPSL, 201/3/370
8. SPSL, 201/3/383
9. Universitätsarchiv Leipzig, PA, 1077, 1902-1936.
10. pers. Mitt. aus dem Stadtarchiv Cuxhaven v. 9.3.1990
11. Staatsarchiv Leipzig, Nachlaß A. Neu, 11
12. Hamburger Staatsarchiv, HW, DPA, I 162.
13. Gutachten vom 7.11.1946, pers. Mitt. J. Henschel

Buchbesprechungen

Klaus Barthelmeß & Joachim Münzing: **Monstrum Horrendum. Wale und Waldarstellungen in der Druckgraphik des 16. Jahrhunderts und ihr motivkundlicher Einfluß.** Schriften des Schiffahrtsmuseums, Band 29, Kabel Verlag, Hamburg, 1991, 494 S. DM 98,-.

Wie wenige andere Erscheinungen der Natur haben Wale die Neugier und das Interesse der Menschen erregt. Von der Antike bis ins Mittelalter wurden sie als "Monstra horrenda" mit Angst und Schrecken betrachtet, wenn sie an Land gespült oder in höchst gefährlichen Unternehmungen bejagt wurden und den Betrachtern genauer zu Gesicht kamen. So verwundert es nicht, daß sowohl aus Walstrandungen, wie aus alten Jagdtraditionen zahlreiche Abbildungen, in Europa vor allem als Holzschnitte in "Fischbüchern", erschienen. Waren in diesen die "Wallfische" noch überwiegend mythologisch besetzt und verfremdet, nahmen seit der Renaissance die Abbildungen mehr und mehr den Charakter von realitätsnahen Illustrationen an. Im Umbruch eines theologisch geprägten Weltbildes, das es nicht erlaubt hatte Wale anders als Ungeheuer zu beschreiben, setzte sich naturschauende Neugier und detailgenaue Beschreibung durch. Hier setzt das vorliegende Buch an. Es ist als dreibändiges Synoptikum angelegt, das es ermöglicht, Thesen und Illustrationen separat zu vergleichen. In dem Aufsatzteil (I) werden verschiedene motivkundliche Thesen entwickelt, die im Katalogteil (II) überprüft werden können. Dieser enthält alle bisher bekannten Flugblätter, Flugschriften und Kupferstichtafeln, die bis zum Jahre 1602 über Wale erschienen und im Referenzteil (III) findet sich dann eine Auswahl von Waldarstellungen des 16. bis 18. Jahrhundert, in denen sich der Einfluß der früheren Drucke unterschiedlich stark widerspiegelt. So ist diese Zusammenstellung auch ein illustrierter Abschnitt aus der Geschichte der Walkunde wie auch ein kulturhistorischer Abriß. Auf dem Hintergrund der schon vorhandenen Buchdrucktechniken in Europa und einer entwickelten Bildrucktechnik wurden Waldarstellungen und Texte schnell verbreitet, kopiert, kolportiert und verändert. Das vorliegende Werk liefert mit der Zusammenschau all dieser bekannten, auf einander fußenden Darstellungen die Möglichekeit, den Weg einer Originalbeobachtung über verschiedene "Kupfer" zu verfolgen. So läßt sich der Einfluß auf das damalige walkundliche Wissen, die darstellende und bildende Kunst selbst nachvollziehen. Jedem an einem Geschichts- und Erkenntnisprozesse in statu nascendi Interessierten bietet das Synoptikum eine Fülle von Informationen und Einsichten.

B. Watermann, Ahrensburg

Sliggers B.C. en Wertheim A.A. (red.): **Op het strand gesmeten. Vijf eeuwen potvisstrandingen aan de Nederlandse kust.** Walburg Pers, Zutphen, brosch., 120 S. 1992. Hfl 27,50. ISBN 906011.773.5

Am 2. April 1990 strandete auf Terschelling ein 15 Meter langer Pottwal. Wie in früheren Jahrhunderten erregte dieses Ereignis die Neugier der Leute, die in Scharen herbeiströmten, um das "Ungetüm aus dem Meer" zu bestaunen. Die Strandung gab den Anstoß zu einer Ausstellung über Pottwalstrandungen in den Niederlanden während fünf Jahrhunderten, die unter dem Titel 'Op het strand gesmeten' in diesem Jahr in Haarlem und Enkhuizen zu sehen ist. Dazu erschien eine Broschüre mit dem gleichen Titel. Sie enthält Beiträge verschiedener Autoren zu den wissenschaftlichen, ökonomischen, kultur- und kunsthistorischen Aspekten der Pottwalstrandungen.

C. Smeenk und M.J. Addink fassen die heutigen zoologischen Kenntnisse über den Pottwal zusammen. Über die Ursache der Strandungen existieren verschiedene, interessante Theorien, aber die Frage, warum Wale stranden, ist noch nicht gelöst. Leider fehlen zu diesem informationsreichen Kapitel die bibliographischen Angaben.

K. Barthelmess unterstreicht die Bedeutung, die den Pottwalstrandungen im 16. Jahrhundert für die Entstehung eines wirklichkeitsnahen Walbildes zukommt. Nach den mittelalterlichen Vorstellungen war der Wal ein großer Fisch oder ein gefürchtetes Meeresungeheuer. Um zu einem realistischen Walbild zu gelangen, bedurfte es nicht nur einer neuen, den realen Dingen zugewandten Weltsicht, sondern auch der Gelegenheit, einen Wal in natura zu sehen. Albrecht Dürer scheiterte in diesem Bemühen, da es ihm 1520 nicht gelang, einen in den Niederlanden gestrandeten Wal zu besichtigen und an Ort und Stelle zu zeichnen. Erst die Pottwalstrandungen von 1566, 1577 und 1598, die sich in der Nähe der großen niederländischen Städte, den Zentren von Handel, Kunst und Wissenschaft ereigneten, ermöglichten den Künstlern die Auseinandersetzung mit wirklichen Walen. Viele namenhafte Künstler der Zeit benutzten die Gelegenheit und hielten die gestrandeten Pottwale in Aquarellen, Zeichnungen und Stichen fest. Schrittweise, von Strandung zu Strandung, vollzieht sich der Bildwandel vom "großen Fisch" zum realen Wal mit den artspezifischen Merkmalen. Daß der Wechsel nicht schlagartig erfolgte und die Künstler oft Mühe hatten, traditionelle Darstellungsformen aufzugeben, zeigt sich etwa in der Wiedergabe der Brustflossen, die nur allmählich von einer typischen Fischflosse zu einer in Form und Lage richtigen Walflosse wird.

B.C. Sliggers befaßt sich mit den Pottwalstrandungen im 17. Jahrhundert. Der ganze Walkörper wird jetzt naturgetreu wiedergegeben. Auch verweste und eingefallene Kadaver werden exakt abgebildet. Im 16. und 17. Jahrhundert kommt der symbolischen Bedeutung der Walstrandung ein großes Gewicht zu. Die Strandung gilt als Fingerzeig Gottes für kommendes Heil oder Unheil und ist eine Mahnung zu gottgefälligem Handeln. Die Kombination von naturgetreuer Tierdarstellung und Symbolwert des Ereignisses hat am eindrücklichsten Jan Saenredam 1602 in seinem bekannten Kupferstich zum Ausdruck gebracht. Mit Zitaten aus Flugblättern und Chroniken belegt W.M.Zappey anschaulich den Bedeutungswandel der Walstrandungen im 18. Jahrhundert. Der gestrandete Wal verliert seine Bedeutung als göttliches Schicksalzeichen und wird zum wirtschaftlichen Objekt. Sein Wert wird jetzt in Zahlen ausgedrückt, sei es als Menge des gewonnenen Trans, sei es als Preis, der mit dem Verkauf des Kadavers erzielt wird. Der materielle Wert des toten Wals ist auch Anlaß zu Streitereien über das Besitzrecht an einem gestrandeten Wal. Als letzten Beitrag in der Broschüre haben B.C.Sliggers und C. Smeenk eine Liste aller Pottwalstrandungen in den Niederlanden vom 13. Jahrhundert bis 1991 zusammengestellt. Dabei fällt auf, daß es neben Zeiten mit vielen Strandungen lange Perioden gab, in denen keine Pottwale strandeten. Warum 1762 fünf Strandungen vorkamen, von 1782 bis 1936 aber keine einzige, ist eine der ungelösten Fragen im Zusammenhang mit Walstrandungen.

Wer sich für die Beziehung Mensch-Wal oder den kultur- und kunstgeschichtlichen Wandel in der Einstellung des Menschen zu Naturereignissen interessiert, findet in der Broschüre eine reichhaltige Dokumentation in Bild und Text. Hinter dem bescheidenen Preis und Umfang der Broschüre verbirgt sich eine gehaltvolle und lesenswerte Publikation.

C. Claude, Zürich

Eric L. Mills: **Biological Oceanography - An Early History, 1870-1960.** Cornell University Press, Ithaca and London, 378 S., 1989. $ 47.95.

Mills' Geschichte der Biologischen Ozeanographie beginnt mit dem in Schleswig geborenen Victor Hensen (1835-1924), Professor für Physiologie an der medizinischen Fakultät der Universität in Kiel. Bereits als Student hatte er am Ufer der Kieler Förde Plankton mit einem Schmetterlingsnetz gefangen und unter einem Mikroskop studiert. Einen übergeordneten Namen für das Gefischte gab es damals noch nicht. Von Hensen um Rat für eine Bezeichnung dafür befragt, hatte der Kieler Altphilologe Richard Förster (1843-1922) den Begriff "Plankton" vorgeschlagen - abgeleitet vom griechischen Wort "πλανκτειν". Hensen hatte ihn dann in seinen Publikationen verwendet und er wurde international aufgegriffen.

Als 1870 auf Anregung von Hensen eine Kommission zur wissenschaftlichen Untersuchung der deutschen Meere zur Förderung der deutschen Fischerei in Nord- und Ostsee gegründet wurde - sie wurde in Meeresforscherkreisen kurz "Kieler Kommission" genannt, übernahm Hensen die Verantwortung für fischereibiologische Untersuchungen. Er widmete sich insbesondere den Fischeiern, von deren Verteilung und Häufigkeit im Meer er Rückschlüsse auf die Fischbestände erhoffte. Diesen Ansatz fand er nicht zufällig. Für einen Physiologen seiner Zeit lag es nahe, die Welt des Lebens von seinen Grundbausteinen, den Zellen aus zu betrachten, und die Frage der nutzbaren Fischbestände von der Präsenz der zugehörigen Eier und Larven aus anzugehen.

Hensens übergeordnetes Ziel war es, die Produktion organischen Materials im Meer zu bestimmen, d.h. den Fluß der Materie von der Ausgangsphase bis zu den Endprodukten. Er bezeichnete dies selbst als die Fruchtbarkeit des Wassers, und er wollte sie mathematisch fassen unter Einbeziehung physikalischer Gesetze. Ihm war es jedoch nicht vergönnt, dieses Ziel zu erreichen - fehlten doch die methodischen Hilfsmittel. Mit der Einführung des Standard-Planktonnetzes, hergestellt aus Müllergaze mit eindeutiger Maschenweite, gelang ihm der erste, wichtige Schritt zur objektiven, d.h. naturwissenschaftlich exakten, quantitativen Messung. Das statistische Auszählverfahren von Planktonproben unter dem Mikroskop und das Hochrechnen des Zählergebnisses auf normierte Volumina gehörten desweiteren dazu, wie auch die Analyse der chemischen Bestandteile des Planktons. Allein schon solche Ansätze rechtfertigen die Wahl des Begriffes "Biologische Ozeanographie" in Anlehnung an die von ihrem Inhalt her physikalisch orientierte Ozeanographie. Hensen hatte diesen Begriff allerdings noch nicht gebraucht.

Wie eine auch heute noch von Ozeanographen üblicherweise konzipierte Untersuchung führte Hensen 1889 seine Plankton-Expedition mit der NATIONAL in den nördlichen und tropischen Atlantik durch. Daß er für dieses Unternehmen den Kieler Ozeanographen Otto Krümmel (1854-1912) zur Teilnahme gewinnen konnte, mag ebenfalls als Anerkennung der aus ozeanographischer Sicht exakten Planlegung der Expedition gewertet werden.

Hensen's quantitative Plankton-Untersuchungen gewannen mit Hilfe seiner Schüler Karl Brandt (1854-1931) und Carl Apstein (1862-1950) ein hohes Ansehen - auch international, so daß später in diesem Bereich von der Kieler Schule gesprochen wurde. Sie verglichen die pflanzliche Produktion im Meer mit der auf dem Land und sie benutzten dafür als Größe den Stickstoffkreislauf. Mit Stickstoff als Minimumfaktor versuchten sie die in den nördlichen Breiten zu beobachtende Erscheinung der Frühjahrs- und Herbstblüten des Planktons zu erklärten.

Dieser Ansatz, unter Einbeziehung bakterieller Abbauleistung, stimulierte maßgeblich die Forschungsfragen des 1902 gegründeten International Council for the Exploration of the Sea (ICES). Er fand aber auch bald ernstzunehmende Gegner wie Alexander Nathansohn (1878-1940), der für die unterschiedlichen Planktonblüten saisonale Wechsel in der Vertikalzirkulation verantwortlich machte.

Der Norweger H.H. Gran griff ab 1910 die Suche nach den Gesetzen der Produktivität im Meer auf - beeinflußt von den Arbeiten skandinavischer Ozeanographen (Petersson, Ekman, Helland-Hansen). Wesentlich neu dabei war seine differenzierte Betrachtung der vertikalen Verteilungsmuster im Plankton, die er unterschiedlichen hydrographischen Randbedingungen zuordnete.

Wurde nach dem ersten Weltkrieg zunächst mehrheitlich der Hypothese der Kieler Schule gefolgt, wobei als weitere limitierende Faktoren für das Planktonwachstum auch Phosphat und Silikat erkannt wurden, gewann die Einbeziehung der vertikalen Vermischung bzw. ihre Unterbindung durch thermische Schichtung zunehmend an Bedeutung. Die Rolle des für die Photosynthese notwendigen Lichtes mit seiner von verschiedenen Faktoren abhängigen Eindringtiefe kam hinzu wie auch die Einbeziehung von Sauerstoff, Ammonium und Kohlendioxyd.

Diese Erweiterung des Verständnisses der Planktondynamik wurde vornehmlich von Wissenschaftlern des Laboratorium der Marine Biological Association in Plymouth erreicht (W.A. Herdman, E.J. Allen, W.R.G. Atkins, W.B. Hardy, H.W. Harvey, F.S. Russell, L.H.N. Cooper). Sie entwickelten die ersten Blockdiagramme mit Wirkungsrichtungen für ein geschlossenes System der marinen Nahrungskette. Erste Schätzungen der Planktonproduktion im Englischen Kanal ergaben 1000-1600 t pro Quadratkilometer, wovon lediglich 0.06% in Form von Fischen geerntet würden. Berechnungen und Beobachtungen führten zur weiteren Erkenntnis, daß der Wegfraß durch Kleinkrebse (Copepoden) die Planktonblüten maßgeblich zum Zusammenbruch bringen.

Nach Verfeinerung der chemischen Analysemethoden wurde die Rolle einer Vielzahl von chemischen Faktoren in der Planktonproduktion erkannt. Als auch noch entdeckt wurde, daß die Zusammensetzung der auftretenden Planktonarten nicht jedes Jahr die gleiche war, formulierte sich die Forderung, das gesamte marine Ökosystem zu erforschen, die ein fruchtbares Zusammenwirken von Fachleuten verschiedenster Fachdisziplinen um H.W. Harvey (1887-1970) zur Folge hatte.

Der entscheidende Schritt zu einer mathematischen Formulierung der Planktondynamik und damit zu ihrer Quantifizierung gelang dem Amerikaner Gordon A. Riley (1911-1985) seit Ende der dreißiger Jahre. In seiner Doktorarbeit behandelte er die Limnologie von drei benachbarten Seen unter biologischen, chemischen und physikalischen Aspekten und verwendete dabei statistische Analyseverfahren. Letzteres war in jener Zeit in den Kreises seines Faches noch nicht akzeptiert, weshalb er gezwungen wurde, sein zur Veröffentlichung eingereichtes Manuskript von diesem Teil zu befreien. Unter dem Titel "Correlations in Aquatic Ecology" fand er dann aber 1939 Aufnahme im *Journal of Marine Research* der Ozeanographen. Als Schlüssel zur Aufdeckung der Beziehungen im komplexen System der Planktonproduktion benutzte Riley die Technik der multiplen Regression, mit der er Koeffizienten errechnete - unterstützt durch Messung der Produktionsleistungen mit der Inkubation von Planktonproben in hellen und dunklen Flaschen. Für ein Gebiet an der Südspitze Floridas gab er z.B. die Sauerstoffproduktion an mit

$$O_2 \text{ (g/Woche)} = 2.18 \text{ Chlorophyll } (mg/m^3) + 0.75 \text{ Phosphat-phosphorus } (mg/m^3) - 0.00035 \text{ Zooplankton (Individuen/}m^3) - 0.09.$$

Um seinen Ansatz in anderen Meeresgebieten zu testen, bat Riley den Direktor des Woods Hole Oceanographic Institution, Henry Bigelow um Schiffszeit auf dem Forschungssegelschiff ATLANTIS. Dieser reagierte mit dem Satz: "Anybody who thinks he can predict more than 10% of plankton variability is a damn fool, but good luck".

Zahlreiche Fahrten in die Gewässer der Georges Bank und in den Nordatlantik sowie Diskussionen mit physikalischen Ozeanographen führten 1949 zu der richtungsweisenden Veröffentlichung von Riley, Stommel und Bumpus über "Quantitative ecology of the plankton of the western North Atlantic". Riley hatte damit zur Synthese gebracht, was in Kiel als Ansatz formuliert und in Plymouth experimentell weiterentwickelt worden war.

Das Vorstehende ist ein fragmentarischer Überblick über die Entwicklungsgeschichte der Biologischen Ozeanographie und soll zur Lektüre des Buches reizen. Mit der Auswertung von über 800 Veröffentlichungen hat Eric Mills ein Werk geschaffen, das für dieses Wissenschaftsgebiet ohne Beispiel ist. Die Fülle der Informationen ist so vielfältig vernetzt, wie es die Produktion im Meere selber ist. Auch strukturelle und wissenschaftspolitische Hintergründe werden beleuchtet. Noch mehr davon hätte ich mir gewünscht - als Hilfen zum Erfassen des Gelesenen. Ist es z.B. für Nichtbiologen an sich schon schwer, einer interdisziplinärer Betrachtungsweise zu folgen, beanspruchen die hier vorgestellten zusätzlichen, historischen Dimensionen - Zeit und Mensch - höchste Aufmerksamkeit, und Mills gelingt es mit seiner sehr flüssigen Sprache, den Leser zu packen. Das Buch eignet sich nicht zum Nachschlagen einzelner Aspekte, dafür aber erschließ seine Lektüre ein ganzes Feld - das der Biologischen Ozeanographie.

W. Lenz, Hamburg

Hinweise für Autoren

Jeder Arbeit ist eine Zusammenfassung in deutscher und englischer Sprache voranzustellen. Empfohlen wird eine Untergliederung des Textes mit Abschnittsüberschriften in numerischer Reihenfolge. Großer Wert wird auf Abbildungen gelegt, sie müssen allerdings reproduktionsreif sein. In begründeten Einzelfällen wird auch eine farbige Widergabe ermöglicht. Tabellen können wie Abbildungen behandelt werden oder aber sie erscheinen im laufenden Text. Unterschriften von Abbildungen bzw. Überschriften von Tabellen sind auf einem gesonderten Blatt aufzuführen.

Zitate im Text werden mit den Namen der Verfasser und dem Veröffentlichungsjahr angegeben, z.B. (Brennecke & Schott 1922). Sie werden im Literaturverzeichnis am Ende des Aufsatzes in alphabetischer Reihenfolge aufgeführt, z.B. Brennecke, W. & Schott, G., 1922: Die atlantischeVertikalzirkulation. Eine Entgegnung auf die Abbhandlungen von A. Merz und G. Wüst. Z. Ges. f. Erdkd. Berlin, 277-288. Andere Quellenangaben und Anmerkungen werden als Fußnoten durchnummeriert und ebenfalls am Ende des Aufsatzes aufgeführt. Bei wörtlichen Zitaten ist immer die Seitenzahl in der Quelle anzugeben.

Wenn möglich, sollten die Manuskripte auch auf Diskette (5 1/4" oder 3 1/2") in WORD, WORD PERFECT oder in Standard-ASCII-Code geliefert werden.

Eingereichte Manuskripte werden von mindestens einem Fachgutachter überprüft.

Autoren-Adressen

Walter Lenz,
Institut für Meereskunde, Universität Hamburg, Bundesstr. 55, D-2000 Hamburg 13.

Dr. Brigitte Lohff,
Institut für Geschichte der Medizin und Pharmazie der Universität Kiel, BrunswikerStr. 2, D-2300 Kiel 1.

Cornelia Lüdecke,
Valleystr. 40, D-8000 München 70.

Prof. Dr. Gabriele Peters*),
Institut für Hydrobiologie und Fischereiwissenschaft, Universität Hamburg, Olbersweg 24, D-2000 Hamburg 50.

Jens Smed,
Bygtoften 17, DK-2800 Lyngby.

Dr. Burkard Watermann,
LimnoMar, Wulfsdorfer Weg 200, D-2070 Ahrensburg.

Petra Werner,
Förderungsgesellschaft wissenschaftlicher Neuvorhaben m.b.H. (MPG), Forschungszentrum für Wissenschaftstheorie und -philosophie, Jägerstr. 10-11, 1120 Berlin.

*)Frau Peters ist während der Überarbeitung ihres Manuskriptes am 25. 03. 1992 nach schwerer Krankheit verstorben. Eine ausführliche Darstellung ihrer Arbeiten auf historisch-meereskundlichem Gebiet wird im nächsten Jahrbuch erfolgen.

Redaktionsanschrift:
Deutsche Gesellschaft für Meeresforschung (DGM) e.V.
Bundesstraße 55, D-2000 Hamburg 13